学ぶ人は、
変えて
ゆく人だ。

目の前にある問題はもちろん、

人生の問いや、社会の課題を自ら見つけ、

挑み続けるために、人は学ぶ。

「学び」で、少しずつ世界は変えてゆける。

いつでも、どこでも、誰でも、

学ぶことができる世の中へ。

旺文社

2024年度版

文部科学省後援

英検®
4級
過去6回全問題集

※ 本書に収録されている過去問は、公益財団法人 日本英語検定協会から提供を受けたもののみです。準会場・海外受験などの問題とは一致しない場合があります。スピーキングテストの過去問は、公益財団法人 日本英語検定協会が公開していないので掲載しておりません。

※ このコンテンツは、公益財団法人 日本英語検定協会の承認や推奨、その他の検討を受けたものではありません。

旺文社

英検® 受験の流れ

❶ 一次試験当日

❷ 一次試験中

③ 一次試験が終わったら…

翌月曜日13時から英検HPで解答が見られるよ
自分で採点してみよう
合格
約3週間後に合否通知が届くよ
次はスピーキングテストに挑戦！

④ スピーキングテスト

コンピューター端末を用意しよう

必須
スマートフォン
タブレット
パソコン（マイクが必要）

音声録音用（必要に応じて）
ヘッドセット
マイク付イヤフォン
外付けマイク

専用の受験サイトにアクセスして受験するよ

画面の指示に従ってテストを受けよう

成績は，約1カ月後にウェブサイトで確認できるよ

切り取り線

2023年度第2回　英検4級　解答用紙

【注意事項】
①解答にはHBの黒鉛筆（シャープペンシルも可）を使用し、解答を訂正する場合には消しゴムで完全に消してください。
②解答用紙は絶対に汚したり折り曲げたり、所定以外のところへの記入はしないでください。

③マーク例

良い例	悪い例
●	◐ ⊗ ◓

これ以下の濃さのマークは読めません。

解答欄					
問題番号		1	2	3	4
1	(1)	①	②	③	④
	(2)	①	②	③	④
	(3)	①	②	③	④
	(4)	①	②	③	④
	(5)	①	②	③	④
	(6)	①	②	③	④
	(7)	①	②	③	④
	(8)	①	②	③	④
	(9)	①	②	③	④
	(10)	①	②	③	④
	(11)	①	②	③	④
	(12)	①	②	③	④
	(13)	①	②	③	④
	(14)	①	②	③	④
	(15)	①	②	③	④

解答欄					
問題番号		1	2	3	4
2	(16)	①	②	③	④
	(17)	①	②	③	④
	(18)	①	②	③	④
	(19)	①	②	③	④
	(20)	①	②	③	④
3	(21)	①	②	③	④
	(22)	①	②	③	④
	(23)	①	②	③	④
	(24)	①	②	③	④
	(25)	①	②	③	④
4	(26)	①	②	③	④
	(27)	①	②	③	④
	(28)	①	②	③	④
	(29)	①	②	③	④
	(30)	①	②	③	④
	(31)	①	②	③	④
	(32)	①	②	③	④
	(33)	①	②	③	④
	(34)	①	②	③	④
	(35)	①	②	③	④

リスニング解答欄					
問題番号		1	2	3	4
第1部	例題	①	②	●	
	No. 1	①	②	③	
	No. 2	①	②	③	
	No. 3	①	②	③	
	No. 4	①	②	③	
	No. 5	①	②	③	
	No. 6	①	②	③	
	No. 7	①	②	③	
	No. 8	①	②	③	
	No. 9	①	②	③	
	No. 10	①	②	③	
第2部	No. 11	①	②	③	④
	No. 12	①	②	③	④
	No. 13	①	②	③	④
	No. 14	①	②	③	④
	No. 15	①	②	③	④
	No. 16	①	②	③	④
	No. 17	①	②	③	④
	No. 18	①	②	③	④
	No. 19	①	②	③	④
	No. 20	①	②	③	④
第3部	No. 21	①	②	③	④
	No. 22	①	②	③	④
	No. 23	①	②	③	④
	No. 24	①	②	③	④
	No. 25	①	②	③	④
	No. 26	①	②	③	④
	No. 27	①	②	③	④
	No. 28	①	②	③	④
	No. 29	①	②	③	④
	No. 30	①	②	③	④

※実際のマークシートに似せていますが、デザイン・サイズは異なります。

切り取り線

2023年度第1回　英検4級　解答用紙

【注意事項】
①解答にはHBの黒鉛筆（シャープペンシルも可）を使用し、解答を訂正する場合には消しゴムで完全に消してください。
②解答用紙は絶対に汚したり折り曲げたり、所定以外のところへの記入はしないでください。
③マーク例

良い例	悪い例
●	◐ ⊗ ◓

これ以下の濃さのマークは読めません。

解答欄					
問題番号		1	2	3	4
1	(1)	①	②	③	④
	(2)	①	②	③	④
	(3)	①	②	③	④
	(4)	①	②	③	④
	(5)	①	②	③	④
	(6)	①	②	③	④
	(7)	①	②	③	④
	(8)	①	②	③	④
	(9)	①	②	③	④
	(10)	①	②	③	④
	(11)	①	②	③	④
	(12)	①	②	③	④
	(13)	①	②	③	④
	(14)	①	②	③	④
	(15)	①	②	③	④

解答欄					
問題番号		1	2	3	4
2	(16)	①	②	③	④
	(17)	①	②	③	④
	(18)	①	②	③	④
	(19)	①	②	③	④
	(20)	①	②	③	④
3	(21)	①	②	③	④
	(22)	①	②	③	④
	(23)	①	②	③	④
	(24)	①	②	③	④
	(25)	①	②	③	④
4	(26)	①	②	③	④
	(27)	①	②	③	④
	(28)	①	②	③	④
	(29)	①	②	③	④
	(30)	①	②	③	④
	(31)	①	②	③	④
	(32)	①	②	③	④
	(33)	①	②	③	④
	(34)	①	②	③	④
	(35)	①	②	③	④

リスニング解答欄					
問題番号		1	2	3	4
第1部	例題	①	②	●	
	No. 1	①	②	③	
	No. 2	①	②	③	
	No. 3	①	②	③	
	No. 4	①	②	③	
	No. 5	①	②	③	
	No. 6	①	②	③	
	No. 7	①	②	③	
	No. 8	①	②	③	
	No. 9	①	②	③	
	No. 10	①	②	③	
第2部	No. 11	①	②	③	④
	No. 12	①	②	③	④
	No. 13	①	②	③	④
	No. 14	①	②	③	④
	No. 15	①	②	③	④
	No. 16	①	②	③	④
	No. 17	①	②	③	④
	No. 18	①	②	③	④
	No. 19	①	②	③	④
	No. 20	①	②	③	④
第3部	No. 21	①	②	③	④
	No. 22	①	②	③	④
	No. 23	①	②	③	④
	No. 24	①	②	③	④
	No. 25	①	②	③	④
	No. 26	①	②	③	④
	No. 27	①	②	③	④
	No. 28	①	②	③	④
	No. 29	①	②	③	④
	No. 30	①	②	③	④

※実際のマークシートに似せていますが、デザイン・サイズは異なります。

切り取り線

2022年度第3回　英検4級　解答用紙

【注意事項】
①解答にはHBの黒鉛筆（シャープペンシルも可）を使用し、解答を訂正する場合には消しゴムで完全に消してください。
②解答用紙は絶対に汚したり折り曲げたり、所定以外のところへの記入はしないでください。
③マーク例

良い例	悪い例
●	⊙ ⊗ ◓

これ以下の濃さのマークは読めません。

解答欄					
問題番号		1	2	3	4
1	(1)	①	②	③	④
	(2)	①	②	③	④
	(3)	①	②	③	④
	(4)	①	②	③	④
	(5)	①	②	③	④
	(6)	①	②	③	④
	(7)	①	②	③	④
	(8)	①	②	③	④
	(9)	①	②	③	④
	(10)	①	②	③	④
	(11)	①	②	③	④
	(12)	①	②	③	④
	(13)	①	②	③	④
	(14)	①	②	③	④
	(15)	①	②	③	④

解答欄					
問題番号		1	2	3	4
2	(16)	①	②	③	④
	(17)	①	②	③	④
	(18)	①	②	③	④
	(19)	①	②	③	④
	(20)	①	②	③	④
3	(21)	①	②	③	④
	(22)	①	②	③	④
	(23)	①	②	③	④
	(24)	①	②	③	④
	(25)	①	②	③	④
4	(26)	①	②	③	④
	(27)	①	②	③	④
	(28)	①	②	③	④
	(29)	①	②	③	④
	(30)	①	②	③	④
	(31)	①	②	③	④
	(32)	①	②	③	④
	(33)	①	②	③	④
	(34)	①	②	③	④
	(35)	①	②	③	④

リスニング解答欄					
問題番号		1	2	3	4
第1部	例題	①	②	●	
	No. 1	①	②	③	
	No. 2	①	②	③	
	No. 3	①	②	③	
	No. 4	①	②	③	
	No. 5	①	②	③	
	No. 6	①	②	③	
	No. 7	①	②	③	
	No. 8	①	②	③	
	No. 9	①	②	③	
	No. 10	①	②	③	
第2部	No. 11	①	②	③	④
	No. 12	①	②	③	④
	No. 13	①	②	③	④
	No. 14	①	②	③	④
	No. 15	①	②	③	④
	No. 16	①	②	③	④
	No. 17	①	②	③	④
	No. 18	①	②	③	④
	No. 19	①	②	③	④
	No. 20	①	②	③	④
第3部	No. 21	①	②	③	④
	No. 22	①	②	③	④
	No. 23	①	②	③	④
	No. 24	①	②	③	④
	No. 25	①	②	③	④
	No. 26	①	②	③	④
	No. 27	①	②	③	④
	No. 28	①	②	③	④
	No. 29	①	②	③	④
	No. 30	①	②	③	④

※実際のマークシートに似せていますが、デザイン・サイズは異なります。

切り取り線

2022年度第2回　英検4級　解答用紙

【注意事項】
①解答にはHBの黒鉛筆（シャープペンシルも可）を使用し、解答を訂正する場合には消しゴムで完全に消してください。
②解答用紙は絶対に汚したり折り曲げたり、所定以外のところへの記入はしないでください。

③マーク例

良い例	悪い例
●	◌ ⊗ ◓

これ以下の濃さのマークは読めません。

解答欄					
問題番号		1	2	3	4
1	(1)	①	②	③	④
	(2)	①	②	③	④
	(3)	①	②	③	④
	(4)	①	②	③	④
	(5)	①	②	③	④
	(6)	①	②	③	④
	(7)	①	②	③	④
	(8)	①	②	③	④
	(9)	①	②	③	④
	(10)	①	②	③	④
	(11)	①	②	③	④
	(12)	①	②	③	④
	(13)	①	②	③	④
	(14)	①	②	③	④
	(15)	①	②	③	④

解答欄					
問題番号		1	2	3	4
2	(16)	①	②	③	④
	(17)	①	②	③	④
	(18)	①	②	③	④
	(19)	①	②	③	④
	(20)	①	②	③	④
3	(21)	①	②	③	④
	(22)	①	②	③	④
	(23)	①	②	③	④
	(24)	①	②	③	④
	(25)	①	②	③	④
4	(26)	①	②	③	④
	(27)	①	②	③	④
	(28)	①	②	③	④
	(29)	①	②	③	④
	(30)	①	②	③	④
	(31)	①	②	③	④
	(32)	①	②	③	④
	(33)	①	②	③	④
	(34)	①	②	③	④
	(35)	①	②	③	④

リスニング解答欄					
問題番号		1	2	3	4
第1部	例題	①	②	●	
	No. 1	①	②	③	
	No. 2	①	②	③	
	No. 3	①	②	③	
	No. 4	①	②	③	
	No. 5	①	②	③	
	No. 6	①	②	③	
	No. 7	①	②	③	
	No. 8	①	②	③	
	No. 9	①	②	③	
	No. 10	①	②	③	
第2部	No. 11	①	②	③	④
	No. 12	①	②	③	④
	No. 13	①	②	③	④
	No. 14	①	②	③	④
	No. 15	①	②	③	④
	No. 16	①	②	③	④
	No. 17	①	②	③	④
	No. 18	①	②	③	④
	No. 19	①	②	③	④
	No. 20	①	②	③	④
第3部	No. 21	①	②	③	④
	No. 22	①	②	③	④
	No. 23	①	②	③	④
	No. 24	①	②	③	④
	No. 25	①	②	③	④
	No. 26	①	②	③	④
	No. 27	①	②	③	④
	No. 28	①	②	③	④
	No. 29	①	②	③	④
	No. 30	①	②	③	④

※実際のマークシートに似せていますが、デザイン・サイズは異なります。

切り取り線

2022年度第1回　英検4級　解答用紙

【注意事項】
①解答にはHBの黒鉛筆（シャープペンシルも可）を使用し、解答を訂正する場合には消しゴムで完全に消してください。
②解答用紙は絶対に汚したり折り曲げたり、所定以外のところへの記入はしないでください。
③マーク例

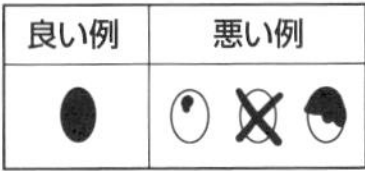

これ以下の濃さのマークは読めません。

解答欄					
問題番号		1	2	3	4
1	(1)	①	②	③	④
	(2)	①	②	③	④
	(3)	①	②	③	④
	(4)	①	②	③	④
	(5)	①	②	③	④
	(6)	①	②	③	④
	(7)	①	②	③	④
	(8)	①	②	③	④
	(9)	①	②	③	④
	(10)	①	②	③	④
	(11)	①	②	③	④
	(12)	①	②	③	④
	(13)	①	②	③	④
	(14)	①	②	③	④
	(15)	①	②	③	④

解答欄					
問題番号		1	2	3	4
2	(16)	①	②	③	④
	(17)	①	②	③	④
	(18)	①	②	③	④
	(19)	①	②	③	④
	(20)	①	②	③	④
3	(21)	①	②	③	④
	(22)	①	②	③	④
	(23)	①	②	③	④
	(24)	①	②	③	④
	(25)	①	②	③	④
4	(26)	①	②	③	④
	(27)	①	②	③	④
	(28)	①	②	③	④
	(29)	①	②	③	④
	(30)	①	②	③	④
	(31)	①	②	③	④
	(32)	①	②	③	④
	(33)	①	②	③	④
	(34)	①	②	③	④
	(35)	①	②	③	④

リスニング解答欄					
問題番号		1	2	3	4
第1部	例題	①	②	●	
	No. 1	①	②	③	
	No. 2	①	②	③	
	No. 3	①	②	③	
	No. 4	①	②	③	
	No. 5	①	②	③	
	No. 6	①	②	③	
	No. 7	①	②	③	
	No. 8	①	②	③	
	No. 9	①	②	③	
	No. 10	①	②	③	
第2部	No. 11	①	②	③	④
	No. 12	①	②	③	④
	No. 13	①	②	③	④
	No. 14	①	②	③	④
	No. 15	①	②	③	④
	No. 16	①	②	③	④
	No. 17	①	②	③	④
	No. 18	①	②	③	④
	No. 19	①	②	③	④
	No. 20	①	②	③	④
第3部	No. 21	①	②	③	④
	No. 22	①	②	③	④
	No. 23	①	②	③	④
	No. 24	①	②	③	④
	No. 25	①	②	③	④
	No. 26	①	②	③	④
	No. 27	①	②	③	④
	No. 28	①	②	③	④
	No. 29	①	②	③	④
	No. 30	①	②	③	④

※実際のマークシートに似せていますが、デザイン・サイズは異なります。

切り取り線

2021年度第3回　英検4級　解答用紙

【注意事項】
①解答にはHBの黒鉛筆（シャープペンシルも可）を使用し、解答を訂正する場合には消しゴムで完全に消してください。
②解答用紙は絶対に汚したり折り曲げたり、所定以外のところへの記入はしないでください。
③マーク例

良い例	悪い例
●	◐ ⊗ ◓

これ以下の濃さのマークは読めません。

解答欄					
問題番号		1	2	3	4
1	(1)	①	②	③	④
	(2)	①	②	③	④
	(3)	①	②	③	④
	(4)	①	②	③	④
	(5)	①	②	③	④
	(6)	①	②	③	④
	(7)	①	②	③	④
	(8)	①	②	③	④
	(9)	①	②	③	④
	(10)	①	②	③	④
	(11)	①	②	③	④
	(12)	①	②	③	④
	(13)	①	②	③	④
	(14)	①	②	③	④
	(15)	①	②	③	④

解答欄					
問題番号		1	2	3	4
2	(16)	①	②	③	④
	(17)	①	②	③	④
	(18)	①	②	③	④
	(19)	①	②	③	④
	(20)	①	②	③	④
3	(21)	①	②	③	④
	(22)	①	②	③	④
	(23)	①	②	③	④
	(24)	①	②	③	④
	(25)	①	②	③	④
4	(26)	①	②	③	④
	(27)	①	②	③	④
	(28)	①	②	③	④
	(29)	①	②	③	④
	(30)	①	②	③	④
	(31)	①	②	③	④
	(32)	①	②	③	④
	(33)	①	②	③	④
	(34)	①	②	③	④
	(35)	①	②	③	④

リスニング解答欄					
問題番号		1	2	3	4
第1部	例題	①	②	●	
	No. 1	①	②	③	
	No. 2	①	②	③	
	No. 3	①	②	③	
	No. 4	①	②	③	
	No. 5	①	②	③	
	No. 6	①	②	③	
	No. 7	①	②	③	
	No. 8	①	②	③	
	No. 9	①	②	③	
	No. 10	①	②	③	
第2部	No. 11	①	②	③	④
	No. 12	①	②	③	④
	No. 13	①	②	③	④
	No. 14	①	②	③	④
	No. 15	①	②	③	④
	No. 16	①	②	③	④
	No. 17	①	②	③	④
	No. 18	①	②	③	④
	No. 19	①	②	③	④
	No. 20	①	②	③	④
第3部	No. 21	①	②	③	④
	No. 22	①	②	③	④
	No. 23	①	②	③	④
	No. 24	①	②	③	④
	No. 25	①	②	③	④
	No. 26	①	②	③	④
	No. 27	①	②	③	④
	No. 28	①	②	③	④
	No. 29	①	②	③	④
	No. 30	①	②	③	④

※実際のマークシートに似せていますが、デザイン・サイズは異なります。

Introduction

はじめに

実用英語技能検定（英検®）は，年間受験者数420万人（英検IBA，英検Jr.との総数）の小学生から社会人まで，幅広い層が受験する国内最大級の資格試験で，1963年の第1回検定からの累計では1億人を超える人々が受験しています。英検®は，コミュニケーションに欠かすことのできない技能をバランスよく測定することを目的としており，英検®の受験によってご自身の英語力を把握することができます。

この『全問題集シリーズ』は，英語を学ぶ皆さまを応援する気持ちを込めて刊行されました。本書は，2023年度第2回検定を含む6回分の過去問を，日本語訳や詳しい解説とともに収録しています。

本書が皆さまの英検合格の足がかりとなり，さらには国際社会で活躍できるような生きた英語を身につけるきっかけとなることを願っています。

最後に，本書を刊行するにあたり，多大なご尽力をいただきました敬愛大学教授・英語教育開発センター長 向後秀明先生に深く感謝の意を表します。

2024年　春

※英検1級～3級は2024年度第1回検定から試験形式が一部変わります。2024年度以降の試験形式については，英検ウェブサイトをご覧ください。なお，この情報は2023年12月現在のものです。

もくじ

Contents

執　筆：向後秀明（敬愛大学）
編集協力：日本アイアール株式会社，山下鉄也（木静舎）
録　音：ユニバ合同会社
デザイン：林 慎一郎（及川真咲デザイン事務所）
イラスト：鹿又きょうこ（口絵 英検受験の流れ）
瀬々倉匠美子（Web特典 予想問題）
組版・データ作成協力：幸和印刷株式会社

本書の使い方

ここでは，本書の過去問および特典についての活用法の一例を紹介します。

一次試験対策

情報収集・傾向把握

- 英検インフォメーション（P8-11）
- 英検４級の試験形式とポイント（P12-15）
- 【Web特典】
  個人情報の書き方
  リスニングテストのポイント

過去問にチャレンジ

- 2023年度第２回
- 2023年度第１回
- 2022年度第３回
- 2022年度第２回
- 2022年度第１回
- 2021年度第３回

※アプリ「学びの友」を利用して，自動採点（P7）

スピーキングテスト

予想問題にチャレンジ

- 【Web特典】
  スピーキングテスト予想問題／解答例

過去問の取り組み方

1セット目

【実力把握モード】
本番の試験と同じように，制限時間を設けて取り組みましょう。どの問題形式に時間がかかりすぎているか，正答率が低いかなど，今のあなたの実力をつかみ，学習に生かしましょう。
アプリ「学びの友」の自動採点機能を活用して，答え合わせをスムーズに行いましょう。

2～5セット目

【学習モード】
制限時間をなくし，解けるまで取り組みましょう。
リスニングは音声を繰り返し聞いて解答を導き出してもかまいません。すべての問題に正解できるまで見直します。

6セット目

【仕上げモード】
試験直前の仕上げに利用しましょう。時間を計って本番のつもりで取り組みます。
これまでに取り組んだ6セットの過去問で間違えた問題の解説を本番試験の前にもう一度見直しましょう。

音声について

収録内容

一次試験・リスニングの音声を聞くことができます。本書とともに使い，効果的なリスニング対策をしましょう。

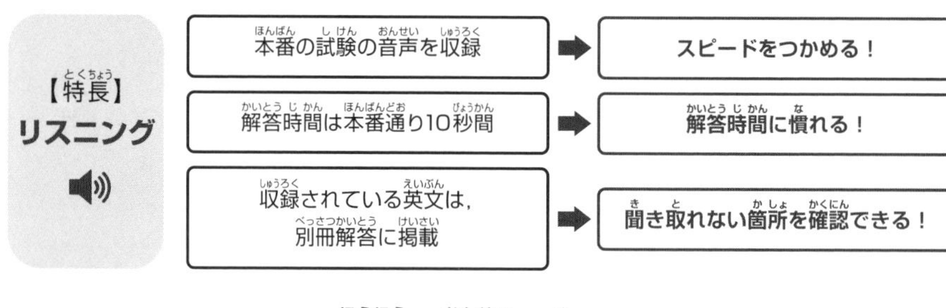

【特長】
リスニング
本番の試験の音声を収録
スピードをつかめる！
解答時間は本番通り10秒間
解答時間に慣れる！
収録されている英文は，
別冊解答に掲載
聞き取れない箇所を確認できる！

2つの方法で音声が聞けます！

音声再生サービスご利用可能期間	2024年2月28日～2025年8月31日 ※ご利用可能期間内にアプリやPCにダウンロードしていただいた音声は，期間終了後も引き続きお聞きいただけます。 ※これらのサービスは予告なく変更，終了することがあります。

① 公式アプリ(iOS/Android)でお手軽再生

［ご利用方法］

①「英語の友」公式サイトより，アプリをインストール（上の2次元コードから読み込めます）

URL：https://eigonotomo.com/　英語の友

②アプリ内のライブラリよりご購入いただいた書籍を選び，「追加」ボタンを押してください

③パスワードを入力すると，音声がダウンロードできます

［パスワード：**usnzdg**］　※すべて半角アルファベット小文字

※本アプリの機能の一部は有料ですが，本書の音声は無料でお聞きいただけます。
※詳しいご利用方法は「英語の友」公式サイト，あるいはアプリ内のヘルプをご参照ください。

②パソコンで音声データダウンロード（MP3）

［ご利用方法］

①Web特典にアクセス

詳細は，P6をご覧ください。

②「一次試験音声データダウンロード」から聞きたい検定の回を選択してダウンロード

※音声ファイルはzip形式にまとめられた形でダウンロードされます。

※音声の再生にはMP3を再生できる機器などが必要です。ご使用機器，音声再生ソフト等に関する技術的なご質問は，ハードメーカーもしくはソフトメーカーにお願いいたします。

CDをご希望の方は，別売「2024年度版英検4級過去6回全問題集CD」(本体価格1,450円+税) をご利用ください。

持ち運びに便利な小冊子とCD3枚付き。CDプレーヤーで通して聞くと，本番と同じような環境で練習できます。

※本書では，収録箇所を**CD 1 1～11**のように表示しています。

Web特典について

購入者限定の「Web特典」を，みなさんの英検合格にお役立てください。

<table>
<tr><td>ご利用可能期間</td><td colspan="2">2024年2月28日～2025年8月31日
※本サービスは予告なく変更，終了することがあります。</td></tr>
<tr><td rowspan="2">アクセス方法</td><td>スマートフォン
タブレット</td><td>右の2次元コードを読み込むと，
パスワードなしでアクセスできます！</td></tr>
<tr><td>PC
スマートフォン
タブレット
共通</td><td>1. Web特典（以下のURL）にアクセスします。
https://eiken.obunsha.co.jp/4q/
2. 本書を選択し，以下のパスワードを入力します。
usnzdg　※すべて半角アルファベット小文字</td></tr>
</table>

＜特典内容＞

(1) 解答用紙

本番にそっくりの解答用紙が印刷できるので，何度でも過去問にチャレンジできます。

(2) 音声データのダウンロード

一次試験リスニングの音声データ（MP3）を無料でダウンロードできます。

※スマートフォン・タブレットの方は，アプリ「英語の友」（P4）をご利用ください。

(3) 4級リスニングテストのポイント

リスニングテストのポイントが，【第1部】と【第2部・第3部】に分けて学習できます。

【第１部】　形式の把握→ポイントの理解→よく出題される場面の表現の練習

【第２部・第３部】形式の把握→ポイントの理解→よく出題される質問を聞き取る練習

(4) スピーキングテスト

Web上でスピーキングテストの予想問題を体験することができます。

自動採点アプリ「学びの友」の利用方法

本書の問題は，採点・見直し学習アプリ「学びの友」でカンタンに自動採点することができます。

ご利用可能期間	**2024年2月28日～2025年8月31日** ※本サービスは予告なく変更，終了することがあります。 ※ご利用可能期間内にアプリ内で「追加」していた場合は，期間終了後も引き続きお使いいただけます。
アクセス方法	**「学びの友」公式サイトにアクセス** **https://manatomo.obunsha.co.jp/** （右の2次元コードからもアクセスできます） 学びの友 

※iOS／Android端末，Webブラウザよりご利用いただけます。
※アプリの動作環境については，「学びの友」公式サイトをご参照ください。なお，本アプリは無料でご利用いただけます。
※詳しいご利用方法は「学びの友」公式サイト，あるいはアプリ内ヘルプをご参照ください。

［ご利用方法］

①アプリを起動後，「旺文社まなびID」に会員登録してください
会員登録は無料です。

②アプリ内の「書籍を追加する」よりご購入いただいた書籍を選び，「追加」ボタンを押してください

③パスワードを入力し，コンテンツをダウンロードしてください
［パスワード：usnzdg］ ※すべて半角アルファベット小文字

④学習したい検定回を選択してマークシートを開き，学習を開始します
マークシートを開くと同時にタイマーが動き出します。
問題番号の下には，書籍内掲載ページが表示されています。
問題番号の左側の□に「チェック」を入れることができます。

⑤リスニングテストの音声は，問題番号の横にある再生ボタンをタップ
一度再生ボタンを押したら，最後の問題まで自動的に進みます。

⑥リスニングテストが終了したら，画面右上「採点する」を押して答え合わせをします

［採点結果の見方］

結果画面では，正答率や合格ラインとの距離，間違えた問題の確認ができます。

英検® Information インフォメーション

出典：英検ウェブサイト

英検4級について

4級では，「簡単な英語を理解することができ，
またそれを使って表現する」ことが求められます。
一次試験（筆記・リスニング）に加え，
スピーキングテストも受験できます。
目安としては「中学中級程度」です。

試験内容

主な場面・状況	家庭・学校・地域(各種店舗・公共施設を含む)・電話・アナウンスなど
主な話題	家族・友達・学校・趣味・旅行・買い物・スポーツ・映画・音楽・食事・天気・道案内・自己紹介・休日の予定・近況報告・海外の文化など

筆記 35分

問題	形式・課題詳細	問題数	満点スコア
1	短文の空所に文脈に合う適切な語句を補う。	15問	500
2	会話文の空所に適切な文や語句を補う。	5問	
3	日本文を読み，その意味に合うように与えられた語句を並べ替える。	5問	
4	パッセージ(長文)の内容に関する質問に答える。	10問	

リスニング 約30分 放送回数は2回

問題	形式・課題詳細	問題数	満点スコア
第1部	会話の最後の発話に対する応答として最も適切なものを補う。(補助イラスト付き)	10問	500
第2部	会話の内容に関する質問に答える。	10問	
第3部	短いパッセージの内容に関する質問に答える。	10問	

2023年12月現在の情報を掲載しています。試験に関する情報は変更になる可能性がありますので，受験の際は必ず英検ウェブサイトをご確認ください。

スピーキング ｜ 約4分 ｜ コンピューター端末を利用した録音型面接

問題	形式・課題詳細	満点スコア
音読	25語程度のパッセージを読む。	500
No.1 No.2	音読したパッセージの内容についての質問に答える。	
No.3	イラスト中の人物の行動や物の状況を描写する。	
No.4	日常生活の身近な事柄についての質問に答える。 (カードのトピックに直接関連しない内容も含む)	

※一次試験（筆記・リスニング）の合否に関係なく，申込者全員が受験できます。
※コンピューター端末を利用した録音形式です。
※受験日の指定はなく，有効期間は約1年間です。期間内に1度だけ受験できます。
※級認定は，一次試験（筆記・リスニング）の結果のみで合否を判定します。スピーキングテストの結果は，級認定とは別に合格者に「スピーキングテスト合格」として認定されます。

英検協会スタッフからの応援メッセージ

People in many countries speak English. If you learn English, then you can make new friends. The EIKEN tests will help you. Practice and do your best!

たくさんの国の人々が英語を話します。英語を学べば，新しい友達をつくることができます。「英検」はみなさんの手助けになるでしょう。勉強して，ベストを尽くしてください！

合否判定方法

統計的に算出される英検CSEスコアに基づいて合否判定されます。Reading, Listening, Writing, Speakingの4技能が均等に評価され，合格基準スコアは固定されています。

技能別にスコアが算出される！

技能	試験形式	満点スコア	合格基準スコア
Reading（読む）	一次試験（筆記）	500	622
Listening（聞く）	一次試験（リスニング）	500	
Writing（書く）	※4級では測定されません	−	
Speaking（話す）	スピーキングテスト	500	324

- ReadingとListeningの技能別にスコアが算出され，それを合算して判定されます。
- Speakingは，級の合否とは関係なく受験でき，スピーキングテスト単体で合否判定されます。

合格するためには，技能のバランスが重要！

英検CSEスコアでは，技能ごとに問題数は異なりますが，スコアを均等に配分しているため，各技能のバランスが重要となります。なお，正答数の目安を提示することはできませんが，2016年度第1回一次試験では，1級，準1級は各技能での正答率が7割程度，2級以下は各技能6割程度の正答率の受験者の多くが合格されています。

英検CSEスコアは国際標準規格CEFRにも対応している！

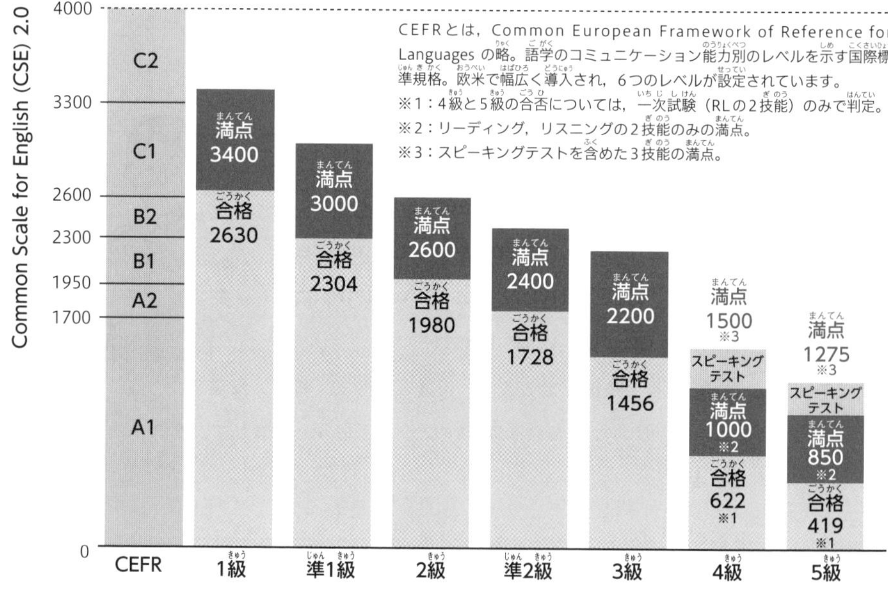

2024年度 受験情報

※「本会場」以外の実施方式については，試験日程・申込方法が異なりますので，英検ウェブサイトをご覧ください。
※ 受験情報は変更になる場合があります。

◉ 2024年度 試験日程

	第1回	第2回	第3回
申込受付	3月15日▶5月8日	7月1日▶9月9日	11月1日▶12月16日
一次試験	6月2日㊐	10月6日㊐	2025年1月26日㊐

※上記の申込期間はクレジット支払いの場合。支払い・申し込みの方法によって締切日が異なるのでご注意ください。
※上記以外の日程でも準会場で受験できる可能性があります。
※詳しくは英検ウェブサイトをご覧ください。

スピーキングテスト 受験日の指定はなく，有効期間は申し込んだ回次の一次試験合否閲覧日から約1年間です。期間内に1度だけ受験できます。

◉ 申込方法

団体受験 ▶ 学校や塾などで申し込みをする団体受験もあります。詳しくは先生にお尋ねください。

個人受験 ▶ インターネット申込・コンビニ申込・英検特約書店申込のいずれかの方法で申し込みができます。詳しくは英検ウェブサイトをご覧ください。

お問い合わせ先

英検サービスセンター
TEL. 03-3266-8311
㊊～㊎ 9：30～17：00
（祝日・年末年始を除く）

英検ウェブサイト
www.eiken.or.jp/eiken/
詳しい試験情報を見たり，入試等で英検を活用している学校を検索したりすることができます。

英検®4級の試験形式とポイント

2023年度第1回検定と第2回検定を分析し，出題傾向と攻略ポイントをまとめました。4級の合格に必要な正答率は6割程度と予測されます。正答率が6割を切った大問は苦手な分野だと考えて，重点的に対策をとりましょう。

一次試験 筆記（35分）

1 短文・会話文に合う適切な語句を選ぶ問題

問題数 15問　目標時間 10分

短文または会話文の空所に，文脈に合う適切な語(句)を補います。単語が7問，熟語が5問，文法が3問，出題されることが多いです。

(1) The coach (　　　) at the players during the soccer game.
1 cared　**2** played　**3** shouted　**4** learned

(2023年度第2回)

攻略ポイント 単語は，空所にどのような語が入れば文の意味が通じるかを考えて選択肢を見ます。熟語は，文の意味とともに空所前後にある語句とのつながりに注意します。文法は，文の内容や空所前後の語句との関係からどれが正しい語・形かを判断します。

2 適切な会話表現を選ぶ問題

問題数 5問　目標時間 5分

会話文の空所に，会話の流れに合う適切な文や語句を補います。日常会話でよく使われる表現が問われます。

(16) *Girl 1:* Let's have a Halloween party.
Girl 2: (　　　) I want to be a black cat.
1 Nice to meet you.　**2** Welcome back.
3 Sounds good.　**4** See you soon.

(2023年度第2回)

攻略ポイント 会話全体の流れを把握するとともに，特に空所前後が内容的にどのようにつながっているかに注意します。空所があるほうの話者になったつもりで会話文を読み，空所でどのような発話をすれば応答が成り立つかを考えましょう。

3 語句を正しく並べかえる問題

問題数 **5問**　目標時間 **5分**

日本文の意味に合うように，与えられた①～⑤の語(句)を並べかえて文を完成させ，２番目と４番目にくる組合せの番号を答えます。

(22) 私が帰宅した時，兄はメールを書いていました。

(① e-mail　② was　③ my brother　④ writing　⑤ an)

[　] [2番目] [　] [4番目] [　] when I came home.

1 ⑤ - ③　**2** ② - ⑤　**3** ③ - ④　**4** ④ - ①

(2023年度第２回)

肯定文では，どの語(句)が主語と動詞になるかを最初に考えます。疑問文では，疑問詞で始まる疑問文，Do / Does / Did やその他の助動詞で始まる疑問文など，種類に応じた語順にします。否定文では，not と動詞の位置に注意します。また，並べかえる語(句)を見て熟語表現をまとめることも大切です。

4 読解問題

問題数 **10問**　目標時間 **15分**

３種類の英文（[A]掲示等，[B]Ｅメールまたは手紙，[C]長文）を読んで，内容に関する質問に答えたり，内容に合うように文を完成させたりします。

Sterlington Zoo
January News

See amazing animals at our zoo!

White Tigers
Two white tigers will come from Blackriver Zoo on January 5. They're almost six months old. Their names are Nela and Lulu.

Brown Bear
A brown bear will arrive at Sterlington Zoo on January 12. His name is Bobby, and he's almost two years old.

(26) How old are the white tigers?
1 Almost two months old.
2 Almost six months old.
3 Almost two years old.
4 Almost five years old.

(27) When will the brown bear come to Sterlington Zoo?
1 On January 2.
2 On January 5.
3 On January 6.
4 On January 12.

(2023年度第２回)

問題文に出てくる順番で質問が作られているので，質問文中の語句を参考にしながら答えがどこに書かれているかをなるべく短時間で探します。ただし，正解で使われている表現が問題文とは違う表現になっていることがあるので注意が必要です。場所が特定できたら，その部分を丁寧に読んで正確に理解し，答えを選びましょう。

一次試験 リスニング（約30分）

第1部 会話に対する応答を選ぶ問題

問題数 10問　放送回数 2回

イラストを見ながら会話を聞き，会話の最後の発話に対する応答として最も適切なものを放送される選択肢から選びます。

問題冊子

No. 3

放送文

★：What are you reading?
☆：A Japanese comic book.
★：Cool. Did you buy it?
1 I want to go one day.
2 Yeah, we studied together.
3 No, it was a present.

（2023年度第2回）

★＝男性，☆＝女性

攻略ポイント 放送を聞く前にイラストを見て会話の状況を予想しておき，放送では最後の発話に集中して聞きましょう。最後の発話が疑問文であれば問われている内容に合った選択肢を選び，肯定文や否定文ではその状況でどのような応答が適切かを考えます。

第2部 会話の内容に関する質問に答える問題

問題数 10問　放送回数 2回

会話を聞き，内容に関する質問の答えを選択肢から選びます。質問は会話の内容の一部を問うものが中心で，話題や話者がいる場所が聞かれることもあります。

問題冊子

No. 11

1 A bookstore.
2 A dictionary.
3 A travel magazine.
4 A French restaurant.

放送文

★：Excuse me. I'm looking for a dictionary.
☆：What kind do you want?
★：A French one.
☆：They're on the first floor, near the magazines.
Question: What is the man looking for?

（2023年度第2回）

★＝男性，☆＝女性

攻略ポイント 1回目の放送で，会話の話題と質問の内容を理解します。2回目では，2人の発話内容を混同しないように注意しながら，質問に関係する部分を中心に聞き取るようにします。特に，数や場所，時などの情報に注意しましょう。

第3部　英文の内容に関する質問に答える問題　問題数 10問　放送回数 2回

短い英文を聞き，内容に関する質問の答えを選択肢から選びます。英文の内容は登場人物に起きた出来事やこれからの予定などが中心ですが，公共施設でのアナウンスなどが出題されることもあります。

問題冊子	放送文
No. 22 **1** His favorite sport. **2** His family trip. **3** His favorite animal. **4** His new car.	My family went on a trip to the beach last week. We went by car because we took our dog. **Question:** What is the boy talking about? (2023年度第2回)

攻略ポイント 「いつ」，「だれが」，「どこで」，「何を」，「どのように」などを表す語句に注意します。必要に応じてメモを取りながら聞き，複数の情報を混同しないように整理するとともに，質問ではどの情報についてたずねているかを理解します。

スピーキングテスト（約4分）　録音形式

パソコンやタブレットなどのコンピューター端末から，インターネット上の受験専用サイトにアクセスして受験します。画面に表示された25語程度の英文とイラストに関する質問に答えます。詳しくはWeb特典のスピーキングテストの予想問題をご覧ください。

スピーキングテストの流れ

音読 ………… 画面に表示された英文を黙読した後，音読します。
No. 1, No. 2 …… 音読した英文の内容についての質問に答えます。
No. 3 ………… イラスト中の人物の行動や状況を描写します。
No. 4 ………… 受験者自身についての質問に答えます。

攻略ポイント 音読は制限時間内に丁寧にはっきり読みましょう。問題カードに関する質問は，質問のWhatやWhenなどの疑問詞に注意し，何が聞かれているかを理解します。自分自身に関する質問は，主語・動詞を入れた文の形にして自由に答えましょう。

Grade 4

4

2023-2

2023.10.8実施

試験時間

筆記：35分

リスニング：約30分

＊解答・解説は別冊P3～32にあります。

筆 記

1 次の(1)から(15)までの (　　　) に入れるのに最も適切なものを 1, 2, 3, 4の中から一つ選び，その番号のマーク欄をぬりつぶしなさい。

(1) The coach (　　　) at the players during the soccer game.
1 cared　**2** played　**3** shouted　**4** learned

(2) ***A:*** Thanks for the present, Alice. I really like it.
B: I'm (　　　) to hear that.
1 tired　**2** glad　**3** sick　**4** nice

(3) James wants to talk about his favorite food at the speech (　　　) next week.
1 contest　**2** story　**3** classroom　**4** race

(4) This (　　　) has a big park and many interesting museums.
1 house　**2** post office
3 restaurant　**4** town

(5) ***A:*** Did you buy your airplane (　　　) to Taiwan?
B: No. But I will buy it this weekend.
1 sale　**2** ticket　**3** bag　**4** number

(6) My dad likes to listen to music on the (　　　) in the car.
1 singer　**2** kitchen　**3** clock　**4** radio

(7) ***A:*** I can't study tonight. I'm too (　　　).
B: David, you have a big test tomorrow. Please study a little before you go to bed.
1 close　**2** warm　**3** pretty　**4** sleepy

(8) ***A:*** Jennifer, you (　　　) to eat some vegetables before dessert.
B: I know, Dad.
1 must　**2** come　**3** go　**4** have

(9) ***A:*** Let's go to the beach.
B: OK. I'll make us some food before we go, so please (　　　) a minute.
1 stand　**2** wait　**3** jump　**4** hurry

(10) ***A:*** Do you often cook?
B: Yes. I make breakfast every morning, so I wake (　　　) at six o'clock.
1 down　**2** off　**3** up　**4** in

(11) Mary loves to take her dogs for a walk. She's (　　　) to her pets.
1 smart　**2** difficult　**3** kind　**4** happy

(12) ***A:*** Do you know this song?
B: Yes. The last (　　　) of this song is so exciting.
1 part　**2** time　**3** ship　**4** clock

(13) ***A:*** I want to go to the movie theater this Saturday. Are you busy?
B: I have a baseball game on Saturday, but I (　　　) go on Sunday.
1 am　**2** can　**3** had　**4** have

(14) ***A:*** Whose hat is this?
B: Oh, that's (　　　).
1 I　**2** me　**3** my　**4** mine

(15) ***A:*** Will it rain tomorrow?
B: I don't know. I'm going to (　　　) on the Internet.
1 check　**2** checks　**3** checking　**4** checked

2 次の(**16**)から(**20**)までの会話について，(　　　)に入れるのに最も適切なものを**1**, **2**, **3**, **4**の中から一つ選び，その番号のマーク欄をぬりつぶしなさい。

(16) ***Girl 1:*** Let's have a Halloween party.
Girl 2: (　　　) I want to be a black cat.

1 Nice to meet you.　　**2** Welcome back.
3 Sounds good.　　**4** See you soon.

(17) ***Teacher:*** Do you like baseball, Vincent?
Student: Yes, Mr. White. (　　　) and I play it every weekend.

1 It's not fun,　　**2** I didn't do it,
3 It's my favorite sport,　　**4** I often wear it,

(18) ***Clerk:*** Your room number is 101. (　　　)
Man: Thank you.
Clerk: Enjoy your stay.

1 Here's your key.　　**2** It closes at nine.
3 My pleasure.　　**4** That's a good idea.

(19) ***Boy:*** It's a beautiful day today. What do you want to do?
Girl: Let me see. (　　　)
Boy: Good idea.

1 How about playing tennis?
2 How are you?
3 How much is it?
4 How is the weather?

(20) ***Girl 1:*** This is my new watch. (   )
Girl 2: I like it.
1 What about you?
2 What do you think?
3 What are you doing?
4 What time is it?

3 次の(21)から(25)までの日本文の意味を表すように①から⑤までを並べかえて[　]の中に入れなさい。そして，2番目と4番目にくるものの最も適切な組合せを1, 2, 3, 4の中から一つ選び，その番号のマーク欄をぬりつぶしなさい。※ただし，(　　)の中では，文のはじめにくる語も小文字になっています。

(21) 今日は雨が降っていたので，シンディはキャンプに行くことができませんでした。

(① camping　② because　③ go　④ it　⑤ couldn't)

Cindy [　] [2番目] [　] [4番目] [　] was raining today.

1 ①-③　**2** ②-④　**3** ③-②　**4** ⑤-④

(22) 私が帰宅した時，兄はメールを書いていました。

(① e-mail　② was　③ my brother　④ writing　⑤ an)

[　] [2番目] [　] [4番目] [　] when I came home.

1 ⑤-③　**2** ②-⑤　**3** ③-④　**4** ④-①

(23) 父は私の誕生日に，新しい自転車をくれました。

(① for　② gave　③ a new bike　④ me　⑤ my father)

[　] [2番目] [　] [4番目] [　] my birthday.

1 ①-④　**2** ②-④　**3** ②-③　**4** ⑤-③

(24) ナンシーと私(わたし)は昨夜(さくや)，コンサートホールにいました。
(① the concert hall ② I ③ at ④ and ⑤ were)
Nancy [ ] [2番目] [ ] [4番目] [ ] last night.
1 ④ - ③ **2** ④ - ⑤ **3** ② - ① **4** ② - ③

(25) 今日(きょう)の午後(ごご)，あなたに電話(でんわ)してもいいですか。
(① this ② may ③ you ④ I ⑤ call)
[ ] [2番目] [ ] [4番目] [ ] afternoon?
1 ④ - ③ **2** ① - ③ **3** ⑤ - ① **4** ③ - ①

4[A]

次の掲示の内容に関して，(26)と(27)の質問に対する答えとして最も適切なもの，または文を完成させるのに最も適切なものを1, 2, 3, 4の中から一つ選び，その番号のマーク欄をぬりつぶしなさい。

Sterlington Zoo
January News

See amazing animals at our zoo!

White Tigers

Two white tigers will come from Blackriver Zoo on January 5. They're almost six months old. Their names are Nela and Lulu.

Brown Bear

A brown bear will arrive at Sterlington Zoo on January 12. His name is Bobby, and he's almost two years old.

(26) How old are the white tigers?

1 Almost two months old.
2 Almost six months old.
3 Almost two years old.
4 Almost five years old.

(27) When will the brown bear come to Sterlington Zoo?

1 On January 2.
2 On January 5.
3 On January 6.
4 On January 12.

4[B]

次のEメールの内容に関して，(28)から(30)までの質問に対する答えとして最も適切なもの，または文を完成させるのに最も適切なものを1, 2, 3, 4の中から一つ選び，その番号のマーク欄をぬりつぶしなさい。

From: Paul Keller
To: Jenny Peterson
Date: September 7
Subject: New club

Hello Jenny,
The school has a new chess club! I learned how to play chess last summer. My grandfather taught me. Now, I play with my sister every Sunday. I joined the club because I want to be good at chess. Why don't you join the club, too? Students must sign up* by next Tuesday. The club members meet every Wednesday afternoon.
See you tomorrow,
Paul

From: Jenny Peterson
To: Paul Keller
Date: September 8
Subject: Yes!

Hi Paul,

I want to join the chess club, too! My brother and I sometimes play chess. Our dad taught us the rules. But my brother doesn't like chess very much, so I don't play often. I want to play more, so I'll sign up for the club tomorrow.
See you,
Jenny

*sign up: 参加登録(さんかとうろく)をする

(28) The chess club members meet
1 on Mondays.
2 on Tuesdays.
3 on Wednesdays.
4 on Sundays.

(29) Who taught Jenny how to play chess?
1 Her grandfather.
2 Her sister.
3 Her father.
4 Her brother.

(30) Why does Jenny want to join the chess club?
1 She wants to play chess more.
2 She wants to play chess with Paul's sister.
3 She wants to win a tournament.
4 She wants to win a game with her brother.

4[C] 次の英文の内容に関して，(31)から(35)までの質問に対する答えとして最も適切なもの，または文を完成させるのに最も適切なものを1, 2, 3, 4の中から一つ選び，その番号のマーク欄をぬりつぶしなさい。

Andrew's New Teacher

Andrew started high school last year. In December, he took some tests. He got high scores in math, English, and science. But he got a low score on his history test, so his parents were worried. His father said, "You must study harder." But Andrew didn't like studying history.

In January, a new history teacher came to Andrew's school. She took Andrew's class to interesting places to learn about history. They went to a castle in April and a history museum in May. In class, her students wrote reports about famous people from history. Andrew's friend Sally wrote about an artist, and his friend Bill wrote about a king. Andrew wrote about a famous scientist.

Andrew told his parents about his new teacher. He said, "I want to study more about history." Andrew's mother said, "You should go to the library. It has many books and videos about history." Now, Andrew goes to the library every Saturday morning.

(31) Why were Andrew's parents worried?
1 Andrew only wanted to study history.
2 Andrew arrived at the history museum late.
3 Andrew got a low score on a test.
4 Andrew was late for a class.

(32) Andrew's class went to a castle in
1 January.
2 April.
3 May.
4 September.

(33) Who wrote a report about a king?
1 Sally.
2 Bill.
3 Andrew.
4 Andrew's teacher.

(34) Who told Andrew about the library?
1 His father.
2 His mother.
3 His teacher.
4 His friend.

(35) What does Andrew do every Saturday morning?
1 He plays with his friends.
2 He works at the bookshop.
3 He goes to the library.
4 He goes to school.

リスニング

4級リスニングテストについて

1 このテストには，第1部から第3部まであります。
☆英文は二度放送されます。
第1部：イラストを参考にしながら対話と応答を聞き，最も適切な応答を1, 2, 3の中から一つ選びなさい。
第2部：対話と質問を聞き，その答えとして最も適切なものを1, 2, 3, 4の中から一つ選びなさい。
第3部：英文と質問を聞き，その答えとして最も適切なものを1, 2, 3, 4の中から一つ選びなさい。

2 No. 30のあと，10秒すると試験終了の合図がありますので，筆記用具を置いてください。

第1部

▶MP3 ▶アプリ ▶CD 1 **1**～**11**

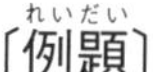

No. 1

No. 2

No. 3

No. 4

No. 5

No. 6

No. 7

No. 8

No. 9

No. 10

第2部 ▶MP3 ▶アプリ ▶CD 1 12～22

No. 11
1 A bookstore.
2 A dictionary.
3 A travel magazine.
4 A French restaurant.

No. 12
1 Buy a new bag.
2 Make her lunch.
3 Close a window.
4 Wash her lunchbox.

No. 13
1 To the movies. 2 To Japan.
3 To school. 4 To the airport.

No. 14
1 One dollar each. 2 Two dollars each.
3 Four dollars each. 4 Five dollars each.

No. 15
1 He was tired.
2 He watched TV.
3 He studied hard at school.
4 He wanted to get up early.

No. 16

1 The girl's band.
2 The girl's guitar.
3 The boy's birthday.
4 The boy's trip to Italy.

No. 17

1 Look for a job.
2 Help at her parents' restaurant.
3 Help with cleaning the house.
4 Have coffee with a friend.

No. 18

1 Strawberries.
2 Pancakes.
3 Butter.
4 Blueberries.

No. 19

1 Frank.
2 Jill.
3 Frank's sister.
4 Jill's sister.

No. 20

1 Two weeks ago.
2 Two months ago.
3 Last year.
4 Yesterday.

第3部(だいぶ)

▶MP3 ▶アプリ ▶CD 1 23～33

No. 21

1 For five days.
2 For one week.
3 For two weeks.
4 For one year.

No. 22

1 His favorite sport.
2 His family trip.
3 His favorite animal.
4 His new car.

No. 23
1 He found a bag.
2 He found a sweater.
3 He lost his baseball.
4 He lost his cap.

No. 24
1 Her teacher. 2 Her brother.
3 Her mother. 4 Her father.

No. 25
1 This afternoon.
2 Tonight.
3 Tomorrow morning.
4 Tomorrow afternoon.

No. 26
1 He cooked some food.
2 He drew some pandas.
3 He took pictures.
4 He gave food to animals.

No. 27
1 Some curry. 2 Some dessert.
3 Some chicken. 4 Some beef.

No. 28
1 Children's clothes.
2 Men's clothes.
3 Women's clothes.
4 Toys.

No. 29
1 Meet his friends at the park.
2 Go to baseball practice.
3 Go on a school trip.
4 Go on a camping trip.

No. 30
1 At 8:15. 2 At 8:30.
3 At 9:15. 4 At 9:30.

Grade 4

4

2023-1

2023.6.4実施（じっし）

試験時間

筆記（ひっき）：35分（ふん）
リスニング：約（やく）30分（ぷん）

＊解答（かいとう）・解説（かいせつ）は別冊（べっさつ）P33～62にあります。

筆　記

1 次の(1)から(15)までの（　　）に入れるのに最も適切なものを1, 2, 3, 4の中から一つ選び，その番号のマーク欄をぬりつぶしなさい。

(1) John only had three (　　) today, so he got home at two o'clock.
1 bicycles　**2** classes　**3** walls　**4** umbrellas

(2) My parents (　　) living in Canada over 50 years ago. They are from Japan.
1 bought　**2** answered　**3** began　**4** climbed

(3) ***A:*** What did you do last night?
B: I watched a good TV (　　) about birds.
1 gym　**2** culture　**3** office　**4** program

(4) ***A:*** Be (　　) when you wash Dad's new car!
B: I know. Dad and I are going to do it together.
1 careful　**2** angry　**3** easy　**4** important

(5) My grandmother always walks her dog (　　) she has breakfast.
1 since　**2** before　**3** so　**4** but

(6) ***A:*** When will we (　　) in Nagoya?
B: At around nine o'clock.
1 leave　**2** arrive　**3** become　**4** forget

(7) ***A:*** Do you read the (　　)?
B: I usually read it on my smartphone.
1 kitchen　**2** face　**3** news　**4** sheep

(8) Sally didn't (   ) home by ten o'clock last night, so her mother was angry.
1 catch **2** ask **3** put **4** come

(9) *A:* Where will you stay in Taiwan?
B: I'll stay (   ) a friend. She is from Taiwan.
1 with **2** about **3** into **4** across

(10) *A:* Can you (   ) down, Mr. Adams? I can't understand English well.
B: Sure.
1 see **2** tell **3** slow **4** listen

(11) *A:* Hello. I want to order some food.
B: OK. Just a (   ).
1 time **2** moment **3** club **4** member

(12) James (   ) an idea for Ms. Takeuchi's goodbye party. She will be very surprised.
1 touches **2** understands
3 buys **4** has

(13) Chris was (   ) a magazine on the beach yesterday. He really enjoyed it.
1 reading **2** read **3** to read **4** reads

(14) *A:* There are many temples in my hometown, but this is the (   ) one.
B: It's beautiful.
1 much older **2** as old
3 oldest **4** too old

(15) *A:* Who (   ) that picture of Grandma?
B: I did when I was 10.
1 draw **2** drew **3** draws **4** drawing

2 次の(16)から(20)までの会話について，（　　）に入れるのに最も適切なものを1, 2, 3, 4の中から一つ選び，その番号のマーク欄をぬりつぶしなさい。

(16) ***Girl 1:*** I got this new magazine yesterday. (　　)
Girl 2: Yeah! Thanks.
1 How much is it?
2 Is this yours?
3 Do you want to read it?
4 When will you get here?

(17) ***Girl:*** Which do you like better, cheesecake or cherry pie?
Boy: Cherry pie. (　　) I have it every Sunday.
1 I'm going shopping.
2 It's my favorite dessert.
3 I eat cheese.
4 I have some cherries.

(18) ***Son:*** I cleaned my room, Mom.
Mother: Great job! (　　)
1 You didn't finish.
2 You can't buy that.
3 It looks really nice.
4 It's in a different room.

(19) ***Husband:*** I'm going to have a cup of tea. Would you like one, too?

Wife: (　　　) I just had some tea.

1 Sit down. **2** No, thanks.
3 I don't have any. **4** It's not mine.

(20) ***Mother:*** Ted, I can't take you to your piano lesson today.

Son: (　　　)

Mother: I have to meet Grandma at the airport.

1 Why not? **2** What time?
3 Good job! **4** Great idea!

3 次の(21)から(25)までの日本文の意味を表すように①から⑤までを並べかえて□の中に入れなさい。そして，2番目と4番目にくるものの最も適切な組合せを1, 2, 3, 4の中から一つ選び，その番号のマーク欄をぬりつぶしなさい。※ただし，(　　)の中では，文のはじめにくる語も小文字になっています。

(21) マイクは久美と英語で話していました。

(① was　② Kumi　③ talking　④ in　⑤ with)

Mike □ □(2番目) □ □(4番目) □ English.

1 ③-①　**2** ③-④　**3** ③-②　**4** ①-⑤

(22) お母さん，明日は家の掃除をしなければいけませんか。

(① have　② we　③ clean　④ to　⑤ our)

Mom, do □ □(2番目) □ □(4番目) □ house tomorrow?

1 ②-①　**2** ⑤-①　**3** ①-③　**4** ⑤-②

(23) 今日のテストは昨日のテストより難しかったです。

(① than　② was　③ difficult　④ more　⑤ test)

Today's □ □(2番目) □ □(4番目) □ yesterday's test.

1 ②-③　**2** ⑤-①　**3** ①-⑤　**4** ②-④

(24) あなたはこのリストからプレゼントを選ぶことができます。

(① a present ② choose ③ from ④ can ⑤ you)

[ ] [2番目] [ ] [4番目] [ ] this list.

1 ③ - ① **2** ④ - ① **3** ① - ② **4** ⑤ - ②

(25) カルロス，あなたのお姉さんは何語を話しますか。

(① language ② your sister ③ does ④ speak ⑤ what)

Carlos, [ ] [2番目] [ ] [4番目] [ ]?

1 ① - ② **2** ③ - ① **3** ④ - ② **4** ③ - ⑤

次の掲示の内容に関して，(26)と(27)の質問に対する答えとして最も適切なもの，または文を完成させるのに最も適切なものを1, 2, 3, 4の中から一つ選び，その番号のマーク欄をぬりつぶしなさい。

To All Students

There will be a guitar concert after school this week.

When: Friday, July 21, at 3:30 p.m.
Where: School cafeteria

The guitar club will play in a big music contest in August. This concert on Friday will be good practice for the guitar club members. They will play for 30 minutes. Come and enjoy!

(26) Where will the concert be on July 21?

1 In the school cafeteria.
2 In the guitar club's room.
3 In a concert hall.
4 In a music store.

(27) What will the guitar club members do in August?

1 Buy some guitars.
2 Practice with a new teacher.
3 Go to a music camp.
4 Play in a contest.

4[B]

次のＥメールの内容に関して，(28)から(30)までの質問に対する答えとして最も適切なもの，または文を完成させるのに最も適切なものを1, 2, 3, 4の中から一つ選び，その番号のマーク欄をぬりつぶしなさい。

From: Georgia Steele
To: Sam Harrison
Date: June 19
Subject: Science homework

Hi Sam,
How are you? I'm a little nervous because I don't understand our science homework. The homework is important for our science test on Friday, right? Mr. Blackwell told us that last week. I'm worried about the test. You always get good grades* in science. Can you help me with the homework after school on Tuesday?
Thank you,
Georgia

From: Sam Harrison
To: Georgia Steele
Date: June 20
Subject: Of course

Hi Georgia,

Sorry, I have baseball practice after school on Tuesday. But I want to help you. How about Wednesday afternoon? I'm free then. You should try to study by yourself, too. I know a good book. Maybe it'll help you. I'll bring it to school for you on Monday.
Your friend,
Sam

*grade: 成績（せいせき）

(28) What is Georgia's problem?
1 She didn't pass the science test.
2 She doesn't understand the science homework.
3 She got a bad grade in science.
4 She can't help Sam with his homework.

(29) When is the science test?
1 On Monday.
2 On Tuesday.
3 On Wednesday.
4 On Friday.

(30) What does Sam say to Georgia?
1 She should talk to the teacher.
2 She should ask another friend for help.
3 She should study by herself.
4 She should bring a book to school.

4[C] 次の英文の内容に関して，(31)から(35)までの質問に対する答えとして最も適切なもの，または文を完成させるのに最も適切なものを1, 2, 3, 4の中から一つ選び，その番号のマーク欄をぬりつぶしなさい。

A New Pet

Annie lives in Dublin in Ireland. She is a high school student. Last month, Annie started a new part-time job. She loves animals, so she got a job as a dog walker.* She walks dogs after school on Wednesdays and Fridays for about two hours each day.

One day last week, Annie was walking home after work, and she saw a kitten* on the street. The kitten was very small and white. Annie was worried because it was alone, so she picked it up and took it home. Annie showed her mother the kitten. Her mother said, "We should try to find the owner.*"

Last weekend, Annie and her mother looked for the kitten's owner. They talked to many people, but no one knew about the kitten. On Sunday afternoon, Annie's mother said, "OK, we can keep the kitten," and Annie was very happy. They gave it a name, "Luna," and Annie loves her new pet.

*dog walker: 犬を散歩させる人
*kitten: 子猫
*owner: 飼い主

(31) What did Annie do last month?

1 She met a volunteer.
2 She bought a new pet.
3 She started a new job.
4 She made a new friend.

(32) When does Annie walk dogs?

1 On Wednesdays and Fridays.
2 On Saturday mornings.
3 During the holidays.
4 On Sunday afternoons.

(33) What did Annie find last week?

1 A schoolbook.
2 A large dog.
3 A white kitten.
4 A new toy.

(34) Annie and her mother

1 bought a toy for the kitten.
2 took the kitten to the animal doctor.
3 looked for the kitten's owner.
4 made a poster about the kitten.

(35) Why was Annie happy?

1 She played with the kitten's mother.
2 She could keep the kitten.
3 She joined a club at school.
4 She helped her teacher.

リスニング

4級リスニングテストについて

1　このテストには，第1部から第3部まであります。
☆英文は二度放送されます。
第1部：イラストを参考にしながら対話と応答を聞き，最も適切な応答を1, 2, 3の中から一つ選びなさい。
第2部：対話と質問を聞き，その答えとして最も適切なものを1, 2, 3, 4の中から一つ選びなさい。
第3部：英文と質問を聞き，その答えとして最も適切なものを1, 2, 3, 4の中から一つ選びなさい。

2　No. 30のあと，10秒すると試験終了の合図がありますので，筆記用具を置いてください。

第1部

▶MP3 ▶アプリ ▶CD1 34～44

〔例題〕

No. 1

No. 2

No. 3

No. 4

No. 5

No. 6

No. 7

No. 8

No. 9

No. 10

第2部（だいぶ） ▶MP3 ▶アプリ ▶CD1 45～55

No. 11

1 At the bus stop.
2 At school.
3 In her room.
4 In the bathroom.

No. 12

1 The boy's new trumpet.
2 The school festival.
3 A concert.
4 A new student.

No. 13

1 Open a window.
2 Check the weather.
3 Have a cold drink.
4 Put on a sweater.

No. 14

1 A convenience store.
2 A department store.
3 Her book.
4 Her library card.

No. 15

1 Sleep.
2 Play cards.
3 Go outside.
4 Go home.

No. 16
1 7:00. 2 7:10.
3 7:15. 4 7:30.

No. 17
1 A notebook. 2 A pencil.
3 A camera. 4 A bike.

No. 18
1 He broke his tennis racket.
2 He forgot his tennis racket.
3 He lost the tennis match.
4 He was late for tennis practice.

No. 19
1 On Monday.
2 On Friday.
3 On Saturday.
4 On Sunday.

No. 20
1 The boy.
2 The boy's sister.
3 The girl.
4 The girl's sister.

第3部(だいぶ) ▶MP3 ▶アプリ ▶CD1 56～66

No. 21
1 At an airport.
2 At a restaurant.
3 At a station.
4 At a store.

No. 22
1 Her father gave her a dress.
2 Her father watched a DVD.
3 Her father found some money.
4 Her father forgot her birthday.

No. 23
1 He took the bus. **2** He took the train.
3 He rode his bike. **4** He walked.

No. 24
1 Enter an art contest.
2 Look at some pictures.
3 Get a present.
4 Buy some pencils.

No. 25
1 Cook dinner.
2 Write a cookbook.
3 Eat at a restaurant.
4 Go to a cooking lesson.

No. 26
1 Matt. **2** Olivia.
3 Alice. **4** Ed.

No. 27
1 To a museum.
2 To the beach.
3 To a shopping mall.
4 To the library.

No. 28
1 Once a week.
2 Twice a week.
3 Three times a week.
4 Every day.

No. 29
1 She took pictures of her son.
2 She went to a flower festival.
3 She took an art class.
4 She bought a camera.

No. 30
1 A textbook. **2** A calendar.
3 A comic book. **4** A dictionary.

Grade 4

4

2022-3

2023.1.22実施

試験時間

筆記：35分

リスニング：約30分

＊解答・解説は別冊P63～92にあります。

筆　記

1 次の(1)から(15)までの（　　　）に入れるのに最も適切なものを1, 2, 3, 4の中から一つ選び，その番号のマーク欄をぬりつぶしなさい。

(1) John's teacher was (　　　) because John forgot to do his homework again.
1 rich　**2** easy　**3** angry　**4** ready

(2) New York has many famous art (　　　), so I want to visit there someday.
1 museums　**2** doors　**3** towels　**4** pools

(3) My mother and father first (　　　) in high school.
1 found　**2** met　**3** bought　**4** put

(4) The city (　　　) is very busy on weekends. It has many interesting books.
1 gym　**2** mountain　**3** garden　**4** library

(5) Learning languages is (　　　) for Takeru because he often travels to other countries.
1 useful　**2** cold　**3** full　**4** clean

(6) *A:* I'll (　　　) myself. My name is Jeff, and I'm from Australia.
B: Hi, Jeff. I'm Martin.
1 run　**2** introduce　**3** ask　**4** listen

(7) Many temples in Japan have a long (　　　).
1 forest　**2** time　**3** country　**4** history

(8) ***A:*** (　　　) up, Dad! The movie will start soon.
B: OK.
1 Cut　　**2** Find　　**3** Hurry　　**4** Read

(9) ***A:*** Let's go. We'll be (　　　) for the bus. It'll leave in five minutes.
B: OK.
1 late　　**2** fast　　**3** glad　　**4** sure

(10) Dan will (　　　) a train to the airport because he doesn't have a car.
1 arrive　　**2** take　　**3** sleep　　**4** close

(11) At a party, Shelly (　　　) some new friends. They will go to a movie on the weekend.
1 said　　**2** cooked　　**3** made　　**4** forgot

(12) ***A:*** Will you be in Vancouver for the weekend?
B: Yes, we'll stay (　　　) my friend's place.
1 as　　**2** to　　**3** on　　**4** at

(13) ***A:*** (　　　) sport is more popular at your school, baseball or soccer?
B: Baseball.
1 Which　　**2** Whose　　**3** Where　　**4** Who

(14) Keiko can swim faster (　　　) her classmates.
1 for　　**2** and　　**3** than　　**4** because

(15) When Ben (　　　) going home on the train yesterday, he saw his old friend.
1 be　　**2** was　　**3** were　　**4** is

2

次の(16)から(20)までの会話について，(　　　)に入れるのに最も適切なものを1, 2, 3, 4の中から一つ選び，その番号のマーク欄をぬりつぶしなさい。

(16) ***Boy:*** Today's science homework is difficult.
Girl: I know. (　　　)
Boy: Yes, let's.

1 Is it yours?
2 Do you want to do it together?
3 Are there many students?
4 Did you find the teacher?

(17) ***Boy:*** There's a rainbow!
Girl: Wow, (　　　) Let's take a picture.

1 it's really pretty.　　**2** I can't see it.
3 I got a new one.　　**4** it's not here.

(18) ***Boy 1:*** I called you last night, but (　　　) Where were you?
Boy 2: I went to watch a baseball game.

1 I don't like sports.　　**2** it wasn't my phone.
3 you weren't at home.　　**4** you lost my bat.

(19) ***Son:*** The spaghetti was delicious. Thanks, Mom.
Mother: You're welcome. (　　　)
Son: No, I'm full.

1 Can I try it?　　**2** Did you make it?
3 Is it in the kitchen?　　**4** Are you still hungry?

(20) ***Man 1:*** Mark, what time is it?

Man 2: It's 4:30.

Man 1: Oh, (　　　) It's time for the meeting.

1 I wasn't there.

2 I don't know his name.

3 we must go now.

4 we had lunch at the café.

3 次の(21)から(25)までの日本文の意味を表すように①から⑤までを並べかえて[　　]の中に入れなさい。そして，2番目と4番目にくるものの最も適切な組合せを1, 2, 3, 4の中から一つ選び，その番号のマーク欄をぬりつぶしなさい。※ただし，(　　)の中では，文のはじめにくる語も小文字になっています。

(21) 彰子は先月，土曜日に働かなくてはなりませんでした。

(① Saturdays　② had　③ on　④ to　⑤ work)

Akiko [　] [2番目] [　] [4番目] [　] last month.

1 ①-③　**2** ①-⑤　**3** ④-②　**4** ④-③

(22) ピーターはサッカーの試合の前にボールを蹴る練習をしました。

(① the ball　② kicking　③ the soccer game　④ practiced　⑤ before)

Peter [　] [2番目] [　] [4番目] [　].

1 ①-③　**2** ②-⑤　**3** ③-②　**4** ④-②

(23) トーマスは昨日オフィスの近くで有名な歌手を見ました。

(① near　② a famous singer　③ his　④ saw　⑤ office)

Thomas [　] [2番目] [　] [4番目] [　] yesterday.

1 ②-④　**2** ②-③　**3** ③-①　**4** ③-⑤

(24) ジャックはいつ映画を見に行く予定ですか。

(① Jack　② when　③ see　④ is　⑤ going to)

[　] [2番目] [　] [4番目] [　] the movie?

1 ②-①　**2** ②-③　**3** ④-③　**4** ④-⑤

(25) 私(わたし)の夢(ゆめ)はパイロットになることです。

(① to　② dream　③ is　④ be　⑤ a pilot)

My [ ] [2番目] [ ] [4番目] [ ].

1 ③ - ④　**2** ③ - ②　**3** ① - ⑤　**4** ⑤ - ②

次の掲示の内容に関して，(26)と(27)の質問に対する答えとして最も適切なもの，または文を完成させるのに最も適切なものを1, 2, 3, 4の中から一つ選び，その番号のマーク欄をぬりつぶしなさい。

Class Trip to Golden Park

On June 17, Mr. Grant's class will go to Golden Park by bus. The students can play soccer and borrow bikes there. After lunch, we'll clean the park.

Please meet at the school gate at 8 a.m.

- Please bring lunch and a large garbage bag.
- You should wear a hat or a cap.

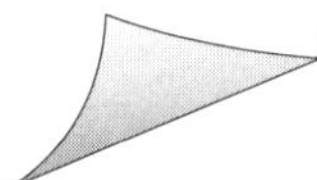

(26) How will the students go to Golden Park?

1 By car.

2 By subway.

3 By bus.

4 By bike.

(27) Where will the students meet at 8 a.m. on June 17?

1 At the school gate.

2 At Golden Park.

3 At a soccer stadium.

4 At Mr. Grant's house.

4[B]

次のＥメールの内容に関して，(28)から(30)までの質問に対する答えとして最も適切なもの，または文を完成させるのに最も適切なものを1, 2, 3, 4の中から一つ選び，その番号のマーク欄をぬりつぶしなさい。

From: James Ryan
To: Norma Ryan
Date: January 14
Subject: Cake

Dear Grandma,
How are you? I was happy to see you last Sunday at Aunt Jenny's house. I forgot to ask you something then. It's my friend's birthday on Wednesday next week. I want to make a cake for him next Tuesday after school. He loves chocolate cake, and your cake is the best! Could you send me your recipe*?
Your grandson,
James

From: Norma Ryan
To: James Ryan
Date: January 14
Subject: No problem

Hello James,
Sure. I'll write down the chocolate cake recipe for

you. I'll see your father on Friday. I'll give him the recipe then, and he can give it to you at home. You should put the cake in the fridge* on Tuesday night. Please ask me if you have any questions.

Love,

Grandma

*recipe: レシピ

*fridge: 冷蔵庫（れいぞうこ）

(28) Who will James make a cake for?

1 His teacher.

2 His father.

3 His grandmother.

4 His friend.

(29) When does James want to make a cake?

1 Next Tuesday.

2 Next Wednesday.

3 Next Friday.

4 Next Sunday.

(30) What does James's grandmother say to James?

1 He should ask his parents for help.

2 He should put the cake in the fridge.

3 He should buy some chocolate.

4 He should send her a recipe.

4[C]

次の英文の内容に関して，(31)から(35)までの質問に対する答えとして最も適切なもの，または文を完成させるのに最も適切なものを1, 2, 3, 4の中から一つ選び，その番号のマーク欄をぬりつぶしなさい。

Hannah's New Hobby

Hannah is a high school student from Sydney, Australia. Every year, Hannah goes on a trip with her family. Last January, they traveled to Fiji. Their hotel was next to a beautiful beach. The water was warm, and there were interesting fish in it. Hannah enjoyed looking at the fish.

One day, Hannah's mother asked, "Do you want to take a surfing* class with me?" Hannah said, "Yes, but it'll be my first time." Her mother said, "Don't worry. The teacher will help you."

The next day, they took a surfing class. The teacher was kind, and the class was fun. Hannah was happy when she stood up on her surfboard.* After the class, Hannah looked for other surfing schools on the Internet. She found one school in Sydney and decided to take surfing lessons there. Hannah likes surfing very much, and she can't wait to practice more.

*surfing: サーフィン
*surfboard: サーフボード

(31) What did Hannah do last January?

1 She went to Fiji.
2 She began high school.
3 She visited Sydney.
4 She went fishing.

(32) What did Hannah enjoy doing at the beach?

1 Swimming in the sea.
2 Playing with her family.
3 Doing her homework.
4 Looking at the fish.

(33) What did Hannah's mother say to Hannah?

1 She will buy Hannah a surfboard.
2 The teacher will teach Hannah about surfing.
3 She is worried about surfing.
4 The surfing teacher is good.

(34) When was Hannah happy?

1 When she fell into the water.
2 When she stood up on the surfboard.
3 When her teacher was kind to her.
4 When she got her surfboard.

(35) What did Hannah do after the surfing class?

1 She asked her mother for a surfboard.
2 She learned to surf in Fiji.
3 She found a surfing school in Sydney.
4 She talked to her friends on the Internet.

リスニング

4級リスニングテストについて

1　このテストには，第1部から第3部まであります。
☆英文は二度放送されます。
第1部：イラストを参考にしながら対話と応答を聞き，最も適切な応答を1, 2, 3の中から一つ選びなさい。
第2部：対話と質問を聞き，その答えとして最も適切なものを1, 2, 3, 4の中から一つ選びなさい。
第3部：英文と質問を聞き，その答えとして最も適切なものを1, 2, 3, 4の中から一つ選びなさい。

2　No. 30のあと，10秒すると試験終了の合図がありますので，筆記用具を置いてください。

第1部

▶MP3 ▶アプリ ▶CD 2 1～11

No. 1

No. 2

No. 3

No. 4

No. 5

No. 6

No. 7

No. 8

No. 9

No. 10

第2部（だいぶ）

▶MP3 ▶アプリ ▶CD2 12～22

No. 11

1 To eat at a restaurant.
2 To buy her father a present.
3 To see a basketball game.
4 To get new shoes.

No. 12

1 Go to a movie.
2 Cook Mexican food.
3 Eat dinner.
4 Look for a new TV.

No. 13

1 John's.　2 Sally's.
3 John's mother's.　4 Sally's friend's.

No. 14

1 He ate too much.
2 He had a cold.
3 He went to bed late.
4 He doesn't like pizza.

No. 15

1 $15.　2 $20.
3 $25.　4 $50.

No. 16
1 It is windy.
2 It is warm.
3 It is raining.
4 It is snowing.

No. 17
1 His sweater.
2 His umbrella.
3 His house key.
4 His raincoat.

No. 18
1 The black ones.
2 The red ones.
3 The green ones.
4 The blue ones.

No. 19
1 Jack.
2 Ms. Norton.
3 The girl.
4 Ms. Norton's son.

No. 20
1 Today.　2 Tomorrow.
3 Next week.　4 Next month.

第3部(だいぶ) ▶MP3 ▶アプリ ▶CD2 23～33

No. 21
1 Math.　2 English.
3 History.　4 Science.

No. 22
1 Her walk.
2 Working at a café.
3 Making lunch.
4 Cleaning her house.

No. 23
1 At a baseball stadium.
2 In a school gym.
3 At a sports store.
4 In the teachers' room.

No. 24
1 Next Tuesday.
2 Next Thursday.
3 Next Saturday.
4 Next Sunday.

No. 25
1 Spanish. 2 French.
3 German. 4 English.

No. 26
1 At 2:00. 2 At 3:00.
3 At 7:00. 4 At 12:00.

No. 27
1 Cherry.
2 Strawberry.
3 Chocolate.
4 Vanilla.

No. 28
1 His trip.
2 His pet bird.
3 His weekend plans.
4 His favorite museum.

No. 29
1 Baseball is his favorite sport.
2 His friend is on the team.
3 There is no tennis team.
4 There is a game next week.

No. 30
1 At 7:00. 2 At 7:10.
3 At 7:50. 4 At 8:00.

Grade 4

2022-2

2022.10.9実施

試験時間

筆記：35分

リスニング：約30分

＊解答・解説は別冊P93〜122にあります。

筆　記

1 次の(1)から(15)までの (　　　) に入れるのに最も適切なものを 1, 2, 3, 4の中から一つ選び，その番号のマーク欄をぬりつぶしなさい。

(1) ***A:*** Did you (　　　) your mother about going to the movie?
B: Yes. I can go with you.
1 watch　**2** make　**3** ask　**4** get

(2) In many countries, Christmas Day is a popular holiday, and many children get (　　　) on this day.
1 subjects　**2** sounds　**3** rooms　**4** presents

(3) ***A:*** What will you do this weekend?
B: I'll move to a new (　　　). It's bigger, so I'm happy.
1 apartment　**2** band　**3** race　**4** painting

(4) Wendy often (　　　) some fruit to eat after lunch.
1 meets　**2** brings　**3** sits　**4** falls

(5) ***A:*** Do you want to go camping this weekend? The weather will be great, so we can see many (　　　) at night.
B: That sounds great.
1 pens　**2** dishes　**3** stars　**4** teams

(6) Canada has many (　　　) parks and lakes. Many people visit there in summer.
1 beautiful　**2** tired　**3** easy　**4** necessary

(7) ***A:*** Can you cut this bread with this (　　　)?
B: Sure.
1 bridge　**2** picnic　**3** rest　**4** knife

(8) The members of the baseball team (　　　) catch for 15 minutes during every practice.
1 hold　**2** play　**3** want　**4** say

(9) The new English teacher from Australia was kind (　　　) all the students in the class.
1 of　**2** at　**3** to　**4** as

(10) ***A:*** Is there a good movie (　　　) TV tonight?
B: Yes. It's about a young dancer.
1 on　**2** for　**3** by　**4** after

(11) Rick often (　　　) a long walk with his dog early in the morning.
1 calls　**2** listens　**3** shows　**4** takes

(12) ***A:*** What do you (　　　) of my chocolate chip cookies?
B: They're great.
1 think　**2** sing　**3** open　**4** come

(13) James (　　　) go to today's baseball game because he hurt his leg.
1 won't　**2** isn't　**3** hasn't　**4** don't

(14) My sister and I came home from school at noon. My mother made lunch for (　　　).
1 our　**2** we　**3** us　**4** their

(15) ***A:*** Grandma is still (　　　), so don't watch TV.
B: OK, Mom.
1 sleeps　**2** sleeping　**3** slept　**4** sleep

2 次の(16)から(20)までの会話について，(　　)に入れるのに最も適切なものを1, 2, 3, 4の中から一つ選び，その番号のマーク欄をぬりつぶしなさい。

(16) *Father:* Come to the dining room, Tim. (　　)
Son: OK, Dad. I'm coming.

1 It's a new house.　**2** I like your bedroom.
3 It's not for you.　**4** Lunch is ready.

(17) *Girl 1:* Does our swimming race start soon?
Girl 2: Yes, in five minutes. (　　)
Girl 1: Thanks. You, too.

1 That's fast.　**2** Not this time.
3 In the pool.　**4** Good luck.

(18) *Student:* Where did you go during your summer vacation, Ms. Richards?
Teacher: (　　) I go fishing there every summer.

1 In my living room.　**2** To Lake Belmore.
3 In spring.　**4** For five days.

(19) *Girl 1:* How was your sister's birthday party?
Girl 2: It was fun. (　　)
Girl 1: Wow! That's a lot.

1 There were 30 people there.
2 It started late.
3 I forgot my gift.
4 You can come with us.

(20) ***Mother:*** Jenny, can you help me in the kitchen?

Daughter: (　　　) Mom. I just need to send this e-mail first.

1 It's your computer,

2 We had dinner,

3 Just a minute,

4 I like it,

3

次の(21)から(25)までの日本文の意味を表すように①から⑤までを並べかえて□の中に入れなさい。そして，2番目と4番目にくるものの最も適切な組合せを1, 2, 3, 4の中から一つ選び，その番号のマーク欄をぬりつぶしなさい。※ただし，(　　)の中では，文のはじめにくる語も小文字になっています。

(21) あなたのパスポートを見せていただけますか。

(① passport　② may　③ your　④ I　⑤ see)

□ □(2番目) □ □(4番目) □, please?

1 ④ - ③　**2** ② - ③　**3** ⑤ - ①　**4** ③ - ①

(22) 私は時間がある時，朝食を作ります。

(① I　② when　③ time　④ breakfast　⑤ have)

I make □ □(2番目) □ □(4番目) □.

1 ④ - ①　**2** ① - ②　**3** ④ - ③　**4** ② - ⑤

(23) 私の父は英語とフランス語の両方を話すことができます。

(① English　② can　③ both　④ speak　⑤ and)

My father □ □(2番目) □ □(4番目) □ French.

1 ② - ④　**2** ② - ③　**3** ④ - ①　**4** ④ - ⑤

(24) その漫画はまったく面白くありませんでした。

(① at　② not　③ the comic book　④ interesting　⑤ was)

□ □(2番目) □ □(4番目) □ all.

1 ① - ⑤　**2** ② - ①　**3** ③ - ④　**4** ⑤ - ④

(25) アダムの家(いえ)は本屋(ほんや)の隣(となり)です。

(① next　② is　③ house　④ the bookstore　⑤ to)

Adam's [ ] [2番目] [ ] [4番目] [ ].

1 ⑤ - ①　**2** ② - ⑤　**3** ④ - ①　**4** ① - ③

22年度第2回　筆記

4[A] 次のお知らせの内容に関して，(26)と(27)の質問に対する答えとして最も適切なもの，または文を完成させるのに最も適切なものを1, 2, 3, 4の中から一つ選び，その番号のマーク欄をぬりつぶしなさい。

Soccer Day Camp for Junior High School Students

Come to our camp if you're interested in soccer!

Dates: July 12 to July 16
Time: 10:30 to 15:00
Place: Silverton Junior High School
Cost: $30

You'll meet two famous soccer players from the Silverton Fighters at the camp. To join, send an e-mail to Mike Webb before June 12.

infosoccer@silverton.jhs

(26) When is the last day of the soccer day camp?

1 June 12.

2 June 16.

3 July 12.

4 July 16.

(27) At the camp, students will

1 receive e-mails from the Silverton Fighters.

2 watch a movie with Mike Webb.

3 meet famous soccer players.

4 get a free soccer ball.

4[B]

次のEメールの内容に関して，(28)から(30)までの質問に対する答えとして最も適切なもの，または文を完成させるのに最も適切なものを1, 2, 3, 4の中から一つ選び，その番号のマーク欄をぬりつぶしなさい。

From: Carol Miller
To: Dennis Little
Date: January 16
Subject: Snow festival

Hi Dennis,
Smallville will have a special event! There will be a snow festival for six days, from February 2 to 7. On February 6, there will be an ice sculpture* contest. The winner will get $200. I want to go that day and see the sculptures. Tickets are $10 each. Do you want to go?
Your friend,
Carol

From: Dennis Little
To: Carol Miller
Date: January 17
Subject: Let's go!

Hi Carol,
I want to see the sculptures, but I'll go skiing with

my family on February 5 and 6. I looked at the festival's website. We can still see the sculptures on February 7. They'll also have a snowman contest that day. Tickets are $5 each, and the winner gets $100. Let's join!

Talk to you soon,

Dennis

*ice sculpture: 氷(こおり)の彫刻(ちょうこく)

(28) How long will the snow festival be?

1 Two days.

2 Five days.

3 Six days.

4 Seven days.

(29) What will Dennis do on February 5?

1 Go skiing.

2 Make sculptures.

3 Visit a festival.

4 Build a website.

(30) The winner of the snowman contest will get

1 $5.

2 $10.

3 $100.

4 $200.

4[C] 次の英文の内容に関して，(31)から(35)までの質問に対する答えとして最も適切なもの，または文を完成させるのに最も適切なものを1, 2, 3, 4の中から一つ選び，その番号のマーク欄をぬりつぶしなさい。

Piano Lessons

Last month, Katherine's parents went to a wedding in Hawaii. Katherine couldn't go, so she stayed at her grandmother's house for one week. On the first day, she missed her parents and felt sad. Her grandmother's house didn't have the Internet, and her grandmother watched old TV shows.

The next morning, Katherine heard music. It was coming from the living room. Katherine's grandmother was playing the piano. Katherine said, "Grandma, can you teach me?" Her grandmother looked very excited. She said, "Many years ago, I taught your mother to play the piano, too." They practiced for three hours every day, and Katherine learned four songs.

On Friday, Katherine's parents came back from their trip. They gave Katherine's grandmother some souvenirs,* and Katherine played two songs for them. Katherine's father was happy. Katherine's mother said, "You should visit your grandmother more often." Now, Katherine wants to learn more songs, so she will visit her grandmother next month, too.

*souvenir: お土産

(31) How long did Katherine stay at her grandmother's house?

1 For one day.
2 For three days.
3 For one week.
4 For one month.

(32) How did Katherine feel on the first day?

1 Tired. **2** Excited.
3 Happy. **4** Sad.

(33) Many years ago, Katherine's grandmother taught the piano to

1 Katherine's father.
2 Katherine's mother.
3 Katherine's uncle.
4 Katherine's friends.

(34) What did Katherine do on Friday?

1 She learned a new song.
2 She practiced for four hours.
3 She went to a wedding.
4 She played the piano for her parents.

(35) Why will Katherine visit her grandmother next month?

1 Her mother has to work.
2 Her parents will go on a trip.
3 She wants to learn more songs.
4 She will give her grandmother a gift.

リスニング

4級リスニングテストについて

1 このテストには，第1部から第3部まであります。
☆英文は二度放送されます。
第1部：イラストを参考にしながら対話と応答を聞き，最も適切な応答を1, 2, 3の中から一つ選びなさい。
第2部：対話と質問を聞き，その答えとして最も適切なものを1, 2, 3, 4の中から一つ選びなさい。
第3部：英文と質問を聞き，その答えとして最も適切なものを1, 2, 3, 4の中から一つ選びなさい。

2 **No. 30**のあと，**10**秒すると試験終了の合図がありますので，筆記用具を置いてください。

第1部

▶MP3 ▶アプリ ▶CD 2 34～44

〔例題〕

No. 1

No. 2

No. 3

No. 4

No. 5

No. 6

No. 7

No. 8

No. 9

No. 10

第2部(だいぶ)

▶MP3 ▶アプリ ▶CD2 45～55

No. 11

1 To watch a concert.
2 To practice with the band.
3 To do his homework.
4 To clean his classroom.

No. 12

1 The bus didn't come.
2 The train stopped.
3 She couldn't find her phone.
4 She took the wrong bus.

No. 13

1 Visiting her grandfather.
2 Walking the dog.
3 Cooking lunch.
4 Watching TV.

No. 14

1 The boy's. **2** The boy's mother's.
3 Her own. **4** Her mother's.

No. 15

1 Buy a map. **2** Send a card.
3 Call his uncle. **4** Use the computer.

No. 16
1 Their basketball coach.
2 Their new TV.
3 A basketball game.
4 A new teacher.

No. 17
1 To meet his classmate.
2 To meet his mother.
3 To buy a notebook.
4 To buy some Spanish food.

No. 18
1 Jim's. 2 Maria's.
3 Sam's. 4 Ms. Clark's.

No. 19
1 On Saturday morning.
2 On Saturday afternoon.
3 On Sunday morning.
4 On Sunday afternoon.

No. 20
1 One. 2 Two.
3 Three. 4 Four.

第3部（だいぶ） ▶MP3 ▶アプリ ▶CD2 56～66

No. 21
1 In a school.
2 In a hotel.
3 In a café.
4 In a train station.

No. 22
1 Watching a sumo tournament.
2 Going sightseeing.
3 Taking a Japanese bath.
4 Eating sushi.

No. 23
1 He went to a party.
2 He visited his friend.
3 He stayed at home.
4 He went to a hospital.

No. 24
1 Visit her grandfather.
2 Make a doll.
3 Go to a toy store.
4 Buy a doll.

No. 25
1 She didn't clean the kitchen.
2 She didn't buy a present.
3 She forgot to use sugar.
4 She forgot to buy a cake.

No. 26
1 On Wednesday.
2 On Thursday.
3 On Friday.
4 On the weekend.

No. 27
1 At school.
2 By the front door.
3 In her father's car.
4 In her room.

No. 28
1 Once a month. **2** Twice a month.
3 Once a week. **4** Twice a week.

No. 29
1 A sweater. **2** A scarf.
3 A dress. **4** A shirt.

No. 30
1 Salad. **2** Cookies.
3 Drinks. **4** Potato chips.

Grade 4

2022-1

2022.6.5実施

試験時間

筆記：35分
リスニング：約30分

筆記	P90～101
リスニング	P102～106

＊解答・解説は別冊P123～152にあります。

筆記

1 次の(1)から(15)までの (　　) に入れるのに最も適切なものを1, 2, 3, 4の中から一つ選び，その番号のマーク欄をぬりつぶしなさい。

(1) *A:* How much time do we have before the (　　) train comes?
B: About five minutes.
1 lost　**2** clear　**3** next　**4** heavy

(2) *A:* How long did you play tennis today?
B: (　　) two hours.
1 For　**2** Since　**3** With　**4** Through

(3) *A:* Oh no! I wrote the wrong date. Can I use your (　　)?
B: Sure. Here you go.
1 belt　**2** eraser　**3** coat　**4** map

(4) In winter, the (　　) is very cold in some cities in Canada.
1 hometown　**2** address
3 problem　**4** temperature

(5) Every year, I (　　) flowers to my grandmother. Her birthday is on Christmas Day.
1 send　**2** keep　**3** believe　**4** forget

(6) *A:* I'm so (　　), but I need to finish my homework.
B: Go to bed and wake up early tomorrow.
1 sleepy　**2** local　**3** boring　**4** rich

(7) *A:* Can we go shopping this weekend, Mom?
B: Let's go on Sunday. I'm (　　) on Saturday.
1 fast　**2** weak　**3** busy　**4** careful

(8) ***A:*** You're running too fast. Can you slow (　　　), please?
B: Sure.
1 down　**2** about　**3** long　**4** often

(9) ***A:*** Turn off the TV. Come here (　　　) once and help me.
B: OK, Mom.
1 as　**2** at　**3** in　**4** of

(10) Ms. Barton has a good (　　　) for the school concert. She wants to speak to us after class.
1 way　**2** side　**3** idea　**4** rice

(11) ***A:*** Let's watch the news together, Grandpa.
B: Just a (　　　). I'll get my glasses.
1 trouble　**2** lesson　**3** moment　**4** pocket

(12) ***A:*** Your brother looks (　　　) a famous singer.
B: Really? I'll tell him.
1 on　**2** about　**3** like　**4** to

(13) ***A:*** Where are you going?
B: I'm going (　　　) video games at Joe's house.
A: Come home before dinner.
1 to play　**2** played　**3** playing　**4** plays

(14) My uncle likes (　　　) people, so he became a police officer.
1 help　**2** helps　**3** helping　**4** helped

(15) ***A:*** (　　　) I put this hat in a box for you, sir?
B: Yes, please. It's a present for my son.
1 Shall　**2** Does　**3** Have　**4** Be

2 次の(16)から(20)までの会話について，(　　　)に入れるのに最も適切なものを1, 2, 3, 4の中から一つ選び，その番号のマーク欄をぬりつぶしなさい。

(16) ***Daughter:*** I went swimming at the city pool today.
Father: That sounds fun. (　　　)
Daughter: No, I walked.

1 Is it new?
2 Did you take the bus?
3 Can I come with you?
4 Was it sunny?

(17) ***Son:*** Do you want to play this computer game with me, Mom?
Mother: (　　　)
Son: Don't worry. It's easy.

1 I bought one, too.
2 I use one at work.
3 It looks really difficult.
4 It's my favorite game.

(18) ***Wife:*** This curry is really delicious. (　　　)
Husband: Of course. Here you are.

1 How did you make it?
2 Can I have some more?
3 How much was it?
4 Can you do it for me?

(19) ***Boy 1:*** How many students are there in the English club?

Boy 2: (　　　)

Boy 1: Wow! That's a lot.

1 Only five dollars. **2** Twice a week.

3 At 2:45. **4** About 30.

(20) ***Mother:*** Do you want something to eat, Chris?

Son: Yes, please. (　　　)

1 You can use mine.

2 I'd like some potato chips.

3 It's by the supermarket.

4 I'll ask her a question.

3

次の(21)から(25)までの日本文の意味を表すように①から⑤までを並べかえて□の中に入れなさい。そして，2番目と4番目にくるものの最も適切な組合せを1, 2, 3, 4の中から一つ選び，その番号のマーク欄をぬりつぶしなさい。※ただし，(　　)の中では，文のはじめにくる語も小文字になっています。

(21) あなたの新しい住所を教えてください。

(① me　② new　③ your　④ address　⑤ tell)

Please □ □(2番目) □ □(4番目) □.

1 ① - ②　**2** ④ - ②　**3** ③ - ①　**4** ⑤ - ④

(22) スミス先生，私達は数学のテストに電卓が必要ですか。

(① for　② we　③ a calculator　④ need　⑤ do)

Mr. Smith, □ □(2番目) □ □(4番目) □ the math test?

1 ② - ③　**2** ③ - ②　**3** ④ - ②　**4** ⑤ - ④

(23) ピアノの練習を止めてお茶にしましょう。

(① practicing　② stop　③ and　④ the piano　⑤ have)

Let's □ □(2番目) □ □(4番目) □ some tea.

1 ① - ③　**2** ① - ④　**3** ⑤ - ②　**4** ⑤ - ①

(24) メグは演劇部のメンバーですか。

(① of　② a member　③ the drama club　④ Meg　⑤ is)

□ □(2番目) □ □(4番目) □?

1 ① - ②　**2** ② - ③　**3** ③ - ②　**4** ④ - ①

(25) 私たちは日本対アメリカの野球の試合を見に行きました。

(① between　② the baseball game　③ Japan　④ see　⑤ and)

We went to ＿＿ ＿＿(2番目) ＿＿ ＿＿(4番目) ＿＿ the United States.

1 ② - ④　　**2** ⑤ - ①　　**3** ② - ③　　**4** ④ - ①

次のお知らせの内容に関して，(26)と(27)の質問に対する答えとして最も適切なもの，または文を完成させるのに最も適切なものを1, 2, 3, 4の中から一つ選び，その番号のマーク欄をぬりつぶしなさい。

Enjoy a Great Night of Music

Kingston High School Guitar Club will have a concert.

Date: Saturday, May 3
Time: 6 p.m. to 8 p.m.
Place: School gym
Tickets: $5 for students
$10 for parents

Everyone can have some snacks and drinks in the school cafeteria after the concert. The gym will open at 5 p.m.

(26) How much is a ticket for students?

1 $2.

2 $5.

3 $7.

4 $10.

(27) What can people do after the concert?

1 Play the guitar.

2 Run in the school gym.

3 Listen to some CDs.

4 Eat and drink in the cafeteria.

4[B]

次のＥメールの内容に関して，(28)から(30)までの質問に対する答えとして最も適切なもの，または文を完成させるのに最も適切なものを1, 2, 3, 4の中から一つ選び，その番号のマーク欄をぬりつぶしなさい。

From: David Price
To: Elle Price
Date: August 10
Subject: Homework

Dear Grandma,
How was your trip to the beach last week? Can you help me? I need some old family photos. I want to use them for my history class. You have a lot of pictures, right? Can I visit you this Saturday and get some? I like the pictures of my dad. He was young then.
Love,
David

From: Elle Price
To: David Price
Date: August 11
Subject: Your visit

Hi David,
I really enjoyed my trip. I'll go shopping on

Saturday, but you can come on Sunday afternoon. Also, can you help me in the garden* then? I'm growing tomatoes. We can pick some, and I'll make tomato soup for you. You can take some tomatoes home and give them to your mother. She can use them to make salad.

Love,

Grandma

*garden: 菜園（さいえん）

(28) David needs to

1 read a history book.
2 buy a new camera.
3 get some family photos.
4 draw a picture of his father.

(29) What will David's grandmother do on Saturday?

1 Go shopping.
2 Take a trip to the beach.
3 Make salad.
4 Visit David's house.

(30) What does David's grandmother say to David?

1 She will buy lunch for him.
2 She will make tomato soup for him.
3 She doesn't like tomatoes.
4 She wants to talk to his mother.

4[C] 次の英文の内容に関して，(31)から(35)までの質問に対する答えとして最も適切なもの，または文を完成させるのに最も適切なものを1, 2, 3, 4の中から一つ選び，その番号のマーク欄をぬりつぶしなさい。

New Friends

Sam is in his first year of college. His college is far from home, so he usually studies at the library on weekends. At first, he was bored and lonely.

One day, a girl in Sam's history class spoke to him. She said, "My name is Mindy. Do you want to go camping with me and my friends this weekend?" Sam said, "Sure!"

It was Sam's first time to go camping. On Friday, he borrowed a special backpack* and a sleeping bag* from Mindy. She told Sam, "Bring some warm clothes. My friends have tents." Sam thought, "We'll get very hungry." So, he put a lot of food in the backpack.

On Saturday, they walked up Razor Mountain. Sam's backpack was heavy, so he was tired. Mindy's friends cooked dinner on the campfire,* and everyone was happy because Sam brought a lot of food. Sam had fun, and they made plans to go camping again.

*backpack: リュックサック
*sleeping bag: 寝袋
*campfire: キャンプファイア

(31) What does Sam usually do on weekends?

1 He works at his college.
2 He studies at the library.
3 He cooks dinner.
4 He stays at Mindy's house.

(32) On Friday, Sam

1 borrowed a backpack and a sleeping bag from Mindy.
2 made lunch for Mindy and her friends.
3 studied for a history test with Mindy.
4 went shopping with Mindy's friends.

(33) What did Mindy say to Sam?

1 He should bring warm clothes.
2 He should buy a new tent.
3 He should get some shoes.
4 He should get a map.

(34) Why was Sam tired?

1 He didn't sleep very well.
2 He didn't eat enough food.
3 His backpack was heavy.
4 The mountain was very big.

(35) Why were Mindy and her friends happy?

1 Sam made lunch for them.
2 Sam started a campfire.
3 Sam made plans for a party.
4 Sam brought a lot of food.

リスニング

4級リスニングテストについて

1　このテストには，第1部から第3部まであります。
　☆英文は二度放送されます。
　第1部：イラストを参考にしながら対話と応答を聞き，最も適切な応答を1, 2, 3の中から一つ選びなさい。
　第2部：対話と質問を聞き，その答えとして最も適切なものを1, 2, 3, 4の中から一つ選びなさい。
　第3部：英文と質問を聞き，その答えとして最も適切なものを1, 2, 3, 4の中から一つ選びなさい。

2　No. 30のあと，10秒すると試験終了の合図がありますので，筆記用具を置いてください。

第1部

▶MP3 ▶アプリ ▶CD3 1～11

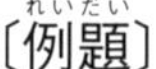
〔例題〕

No. 1

No. 2

No. 3

No. 4

No. 5

No. 6

No. 7

No. 8

No. 9

No. 10

第2部(だいぶ)

▶MP3 ▶アプリ ▶CD3 12～22

No. 11

1 The boy.
2 The girl.
3 The boy's grandparents.
4 The girl's grandparents.

No. 12

1 Visit a zoo.
2 Get a pet cat.
3 Play with his friend.
4 Go to the store.

No. 13

1 He went to bed late last night.
2 He washed his dog.
3 He went for a run.
4 He got up early this morning.

No. 14

1 Sing in a concert. 2 Go shopping.
3 Watch a movie. 4 Buy a jacket.

No. 15

1 In the man's bag. 2 In the car.
3 At home. 4 In the boat.

No. 16

1 Two. 2 Six.
3 Eight. 4 Ten.

No. 17

1 She didn't do her homework.
2 She can't find her locker.
3 Her blue jacket is dirty.
4 Her pen is broken.

No. 18

1 A book. 2 An art museum.
3 A trip. 4 A school library.

No. 19

1 Soup. 2 Pizza.
3 Spaghetti. 4 Curry.

No. 20

1 At 4:00. 2 At 4:30.
3 At 6:00. 4 At 6:30.

第3部(だいぶ)

No. 21

1 From a supermarket.
2 From her friend.
3 From her parents.
4 From her garden.

No. 22

1 A smartphone.
2 A cake.
3 A phone case.
4 A book.

No. 23

1 Tonight.
2 Tomorrow night.
3 Next Friday.
4 Next year.

No. 24

1 The girl.
2 The girl's mother.
3 The girl's father.
4 The girl's brother.

No. 25

1 Go fishing.
2 Make cards for her friends.
3 Get ready for a trip.
4 Go to school early.

No. 26

1 His hobby.
2 His art class.
3 His favorite sport.
4 His brother's camera.

No. 27

1 Once a week.
2 Twice a week.
3 Three times a week.
4 Every day.

No. 28

1 He makes dinner.
2 He cooks breakfast.
3 He makes a cake.
4 He goes to a restaurant.

No. 29

1 To visit his friend.
2 To meet a famous person.
3 To watch a soccer game.
4 To see some buildings.

No. 30

1 One. **2** Two.
3 Three. **4** Four.

Grade 4

2021-3

2022.1.23実施

試験時間

筆記：35分

リスニング：約30分

＊解答・解説は別冊P153〜182にあります。

筆　記

1 次(つぎ)の(1)から(15)までの（　　）に入(い)れるのに最(もっと)も適切(てきせつ)なものを1, 2, 3, 4の中(なか)から一(ひと)つ選(えら)び，その番号(ばんごう)のマーク欄(らん)をぬりつぶしなさい。

(1) ***A:*** I can't swim, so I want to take (　　　).
B: You should call the city pool. I learned to swim there.
1 examples　**2** flowers　**3** minutes　**4** lessons

(2) The rain (　　　) in the morning, so we went to the park.
1 stopped　**2** studied　**3** bought　**4** heard

(3) The Internet is very useful for getting (　　　) quickly.
1 subjects　**2** classrooms
3 tape　**4** information

(4) Karen has some (　　　) news. She's going to move to France.
1 each　**2** every　**3** exciting　**4** easy

(5) ***A:*** Do you want (　　　) hamburger, Larry?
B: No, thanks. I'm full.
1 all　**2** another　**3** same　**4** few

(6) The city is going to (　　　) a new school in my neighborhood.
1 build　**2** become　**3** brush　**4** bring

(7) Mr. Roberts is always busy, but he (　　　) his e-mail every morning.
1 closes　**2** changes　**3** calls　**4** checks

(8) ***A:*** Do you often visit your grandfather?
B: No, but we speak to each (　　　) every weekend.

1 other　**2** some　**3** next　**4** many

(9) I can talk (　　　) everything with my mom, so she's my best friend.

1 after　**2** about　**3** under　**4** near

(10) Kyoko always (　　　) up early in the morning. She makes her lunch before she goes to work.

1 catches　**2** forgets　**3** wakes　**4** keeps

(11) My parents both work, so they aren't at home (　　　) the day.

1 down　**2** before　**3** against　**4** during

(12) Each year, more (　　　) more people travel to Japan to enjoy sightseeing and shopping.

1 and　**2** or　**3** but　**4** than

(13) The students (　　　) 50 meters in the school pool yesterday.

1 swim　**2** swam
3 swimming　**4** to swim

(14) Mike likes comic books. He reads (　　　) every day.

1 it　**2** me　**3** him　**4** them

(15) ***A:*** I forgot my pencil. (　　　) I use yours, Mark?
B: Yes. Here you are.

1 Have　**2** Could　**3** Are　**4** Was

2 次の(16)から(20)までの会話について，(　　　)に入れるのに最も適切なものを1, 2, 3, 4の中から一つ選び，その番号のマーク欄をぬりつぶしなさい。

(16) ***Boy 1:*** That's a beautiful guitar. (　　　)
Boy 2: It's my father's. He bought it last year.
1 When was it? **2** Whose is it?
3 How is he? **4** Where did he go?

(17) ***Boy:*** Did you bring your soccer ball?
Girl: (　　　) but I'll bring it tomorrow.
1 Not today, **2** I like P.E.,
3 Wait a minute, **4** You played well,

(18) ***Daughter:*** Dad, I can't find my social studies textbook.
Father: (　　　)
Daughter: Thanks.
1 It's a difficult subject.
2 It was very interesting.
3 It's on the kitchen table.
4 It's for your brother.

(19) ***Girl 1:*** I had a great time at your party tonight, Lucy!
Girl 2: (　　　) See you!
1 Thanks for coming. **2** It was delicious.
3 I'll be there soon. **4** I'll try this one.

(20) ***Girl 1:*** I'm going to open the window.

Girl 2: (   ) It's really hot in here.

1 I'll take it.

2 That's our classroom.

3 I have one, too.

4 That's a great idea.

3

次の(21)から(25)までの日本文の意味を表すように①から⑤までを並べかえて□の中に入れなさい。そして，2番目と4番目にくるものの最も適切な組合せを1, 2, 3, 4の中から一つ選び，その番号のマーク欄をぬりつぶしなさい。※ただし，(　　)の中では，文のはじめにくる語も小文字になっています。

(21) チームで一番足が速いのは誰ですか。

(① who　② the fastest　③ is　④ on　⑤ runner)

□ □(2番目) □ □(4番目) □ the team?

1 ④ - ⑤　**2** ② - ③　**3** ③ - ⑤　**4** ⑤ - ①

(22) 私はこのサラダを作るためにトマトを3つ使いました。

(① to　② tomatoes　③ make　④ three　⑤ used)

I □ □(2番目) □ □(4番目) □ this salad.

1 ④ - ①　**2** ④ - ③　**3** ⑤ - ②　**4** ③ - ⑤

(23) 私の寝室には，壁に何枚かのポスターがあります。

(① some posters　② on　③ bedroom　④ my　⑤ has)

□ □(2番目) □ □(4番目) □ the wall.

1 ④ - ⑤　**2** ③ - ①　**3** ⑤ - ④　**4** ① - ③

(24) ケーキをもう少(すこ)しいかがですか。

(① some more ② like ③ you ④ cake
⑤ would)

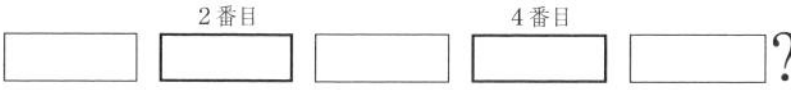

?

1 ③ - ② **2** ⑤ - ② **3** ③ - ① **4** ⑤ - ③

(25) 私(わたし)の父(ちち)は野球(やきゅう)が得意(とくい)ではありません。

(① not ② at ③ is ④ playing ⑤ good)

My father [ ] [2番目] [ ] [4番目] [ ] baseball.

1 ④ - ③ **2** ① - ⑤ **3** ② - ④ **4** ① - ②

21年度第3回 筆記

次の掲示の内容に関して，**(26)**と**(27)**の質問に対する答えとして最も適切なもの，または文を完成させるのに最も適切なものを**1, 2, 3, 4**の中から一つ選び，その番号のマーク欄をぬりつぶしなさい。

Winter Festival

When: February 1 to 8, 11 a.m. to 8 p.m.
Where: River Park

Enjoy good food and music! You can have free hot chocolate every afternoon at 3 p.m. There will be a special dance show on February 5 at 4 p.m.

To go to River Park, walk 10 minutes from Baker Station. It's by the Riverside Library.

(26) Where is the festival?

1 At River Park.
2 At the Riverside Library.
3 Next to Baker Station.
4 By a concert hall.

(27) A special dance show will start at

1 11 a.m. on February 1.
2 3 p.m. on February 1.
3 4 p.m. on February 5.
4 6 p.m. on February 8.

4[B]

次のＥメールの内容に関して，(28)から(30)までの質問に対する答えとして最も適切なもの，または文を完成させるのに最も適切なものを1, 2, 3, 4の中から一つ選び，その番号のマーク欄をぬりつぶしなさい。

From: Rita Alvarez
To: Dana Carpenter
Date: July 21
Subject: Mexican food

Hello Dana,
Do you have plans this Saturday? My grandma is going to visit us here in Colorado this weekend, and she'll teach me to make some Mexican food. She was born in Mexico, but she grew up in California. You love Mexican food, right? We're going to cook *carne asada*. It's Mexican steak. Can you come?
Your friend,
Rita

From: Dana Carpenter
To: Rita Alvarez
Date: July 21
Subject: Thanks

Hi Rita,
Yes, I'm free then! I usually clean my room on

Saturday, but I'll do that on Sunday. I love tacos. Last year, I had some delicious cheese nachos at a restaurant in Texas. But I want to make *carne asada*. See you tomorrow!
Bye,
Dana

(28) Where did Rita's grandmother grow up?
1 In California.
2 In Mexico.
3 In Texas.
4 In Colorado.

(29) On Sunday, Dana will
1 clean her room.
2 meet Rita's grandmother.
3 eat at a restaurant.
4 try *carne asada*.

(30) What kind of food will Rita and Dana make?
1 American steak.
2 Cheese nachos.
3 Mexican steak.
4 Tacos.

4[C] 次の英文の内容に関して，(31)から(35)までの質問に対する答えとして最も適切なものを1, 2, 3, 4の中から一つ選び，その番号のマーク欄をぬりつぶしなさい。

Winter Fun

Michael lives in Pennsylvania in the United States. He likes spring, but summer is his favorite season. In fall, Michael starts to feel sad. The weather gets cold, and the days are short. In winter, he usually stays at home and plays video games.

Last December, Michael visited his cousin Jack in Vermont. One day, Jack took Michael to a ski resort.* Michael tried snowboarding for the first time. At first, he fell down a lot. After about four hours, Michael got better. He enjoyed it very much, so Jack and Michael went snowboarding again the next day.

When Michael came home, he told his parents about it. His father said, "There's a ski resort near here. It's an hour by car." Michael's mother bought him a snowboard. She also took him to the resort three times that winter. Michael was happy when spring came, but now he also looks forward to winter because he likes his new hobby.

*ski resort: スキー場

(31) When does Michael begin to feel sad?

1 In spring.
2 In summer.
3 In fall.
4 In winter.

(32) What did Michael do last December?

1 He got a new video game.
2 He stayed at home every day.
3 He visited his cousin.
4 He moved to Vermont.

(33) How many times did Michael and Jack go snowboarding together?

1 Twice.
2 Three times.
3 Four times.
4 Five times.

(34) What did Michael's father say to Michael?

1 He will drive Michael to a ski resort.
2 He will buy Michael a snowboard.
3 There is a ski resort near their house.
4 There is a new ski shop near their house.

(35) Why does Michael look forward to winter now?

1 He has a new hobby.
2 He has a long winter vacation.
3 Jack comes to visit him every year.
4 His mother's birthday is in winter.

リスニング

4級リスニングテストについて

1　このテストには，第1部から第3部まであります。
　☆英文は二度放送されます。
　第1部：イラストを参考にしながら対話と応答を聞き，最も適切な応答を1, 2, 3の中から一つ選びなさい。
　第2部：対話と質問を聞き，その答えとして最も適切なものを1, 2, 3, 4の中から一つ選びなさい。
　第3部：英文と質問を聞き，その答えとして最も適切なものを1, 2, 3, 4の中から一つ選びなさい。

2　No. 30のあと，10秒すると試験終了の合図がありますので，筆記用具を置いてください。

第1部

▶MP3 ▶アプリ ▶CD3 34～44

〔例題〕

No. 1

No. 2

No. 3

No. 4

No. 5

No. 6

No. 7

No. 8

No. 9

No. 10

第2部(だいぶ)

▶MP3 ▶アプリ ▶CD3 45～55

No. 11

1 New Zealand.
2 Australia.
3 England.
4 Canada.

No. 12

1 Milk.
2 Tea.
3 Coffee.
4 Water.

No. 13

1 On Saturday afternoon.
2 Yesterday morning.
3 Last night.
4 This morning.

No. 14

1 About 5 minutes.
2 About 15 minutes.
3 About 30 minutes.
4 About 50 minutes.

No. 15

1 Her homestay.
2 Her computer club.
3 Reading an e-mail.
4 Talking to her sister.

No. 16
1 Go shopping.
2 Go to a pizza restaurant.
3 Make dinner.
4 Wash the dishes.

No. 17
1 She went to the doctor.
2 She went to school.
3 She had a singing lesson.
4 She listened to the radio.

No. 18
1 His bag. 2 His wallet.
3 His phone. 4 His pencil case.

No. 19
1 In 2 minutes. 2 In 10 minutes.
3 In 20 minutes. 4 In 30 minutes.

No. 20
1 She will study in the library.
2 She has a club meeting.
3 She will visit her friend.
4 She will clean her school.

第3部(だいぶ) ▶MP3 ▶アプリ ▶CD3 56～66

No. 21
1 Cheese. 2 Chicken.
3 Roast beef. 4 Fish.

No. 22
1 At 9:00. 2 At 9:30.
3 At 10:00. 4 At 10:30.

No. 23
1 Her lunch.
2 Her schoolbooks.
3 Her friend's comic book.
4 Her friend's umbrella.

No. 24

1 Three. **2** Four.
3 Five. **4** Six.

No. 25

1 He couldn't see the parade.
2 His parents were busy.
3 His eyes hurt.
4 He missed the bus.

No. 26

1 To a restaurant.
2 To a park.
3 To a soccer stadium.
4 To a museum.

No. 27

1 His brother.
2 His sister.
3 His teacher.
4 His classmates.

No. 28

1 On Mondays.
2 On Tuesdays.
3 On Saturdays.
4 On Sundays.

No. 29

1 His fun day.
2 His favorite artist.
3 His new computer.
4 His house.

No. 30

1 Live in England.
2 Finish high school.
3 Work in a hospital.
4 Become a teacher.

【メ　モ】

2024年度版

文部科学省後援

英検® 4級 過去6回全問題集

別冊解答

旺文社

2024年度版

旺文社

もくじ

Contents

2023-2

解答一覧

筆記

1

(1)	3	(6)	4	(11)	3
(2)	2	(7)	4	(12)	1
(3)	1	(8)	4	(13)	2
(4)	4	(9)	2	(14)	4
(5)	2	(10)	3	(15)	1

2

(16)	3	(18)	1	(20)	2
(17)	3	(19)	1		

3

(21)	3	(23)	3	(25)	1
(22)	2	(24)	4		

4 A

(26)	2
(27)	4

4 B

(28)	3
(29)	3
(30)	1

4 C

(31)	3	(33)	2	(35)	3
(32)	2	(34)	2		

リスニング

第1部

No. 1	1	No. 5	2	No. 9	3
No. 2	1	No. 6	3	No.10	1
No. 3	3	No. 7	2		
No. 4	2	No. 8	1		

第2部

No.11	2	No.15	1	No.19	1
No.12	3	No.16	3	No.20	1
No.13	4	No.17	2		
No.14	1	No.18	3		

第3部

No.21	3	No.25	1	No.29	4
No.22	2	No.26	3	No.30	1
No.23	1	No.27	3		
No.24	4	No.28	1		

筆記 1 問題編 P18～19

(1) 解答 3

訳 「サッカーの試合中，コーチは選手たちに向かって大声を出しました」

1 気にかけた　2 プレーした
3 大声を出した　4 学んだ

解説 主語の The coach「コーチ，監督」と，空所の後にある at the players「選手たちに」とのつながりを考えて，shout「大声を出す，叫ぶ」の過去形 shouted を入れます。shout at ～ で「～に向かって大声を出す」という意味です。

(2) 解答 2

訳 A「プレゼントをありがとう，アリス。本当に気に入ったわ」
B「それを聞いてうれしいわ」

1 疲れた　2 うれしい　3 病気の　4 すばらしい

解説 B の that は，A の発話を指しています。自分があげた present「プレゼント」を A は気に入ったと言っているので，そのことを聞いて glad「うれしい」ということになります。

(3) 解答 1

訳 「ジェームズは来週のスピーチコンテストで，自分の大好きな食べ物について話したいと思っています」

1 コンテスト　2 物語　3 教室　4 レース

解説 空所の前の speech とのつながりから，contest「コンテスト」が正解です。talk about ～ は「～について話す」，favorite は「大好きな，お気に入りの」という意味です。

(4) 解答 4

訳 「この町には，大きな公園とたくさんのおもしろい博物館があります」

1 家　2 郵便局　3 レストラン　4 町

解説 a big park「大きな公園」と many interesting museums「たくさんのおもしろい博物館」があるのはどこかを考えて，town「町」を選びます。has は have「～を持っている」の 3 人称単数の形です。

(5) 解答 2

訳 A「台湾行きの航空券を買った？」
B「ううん。でも，今週末に買うよ」

1 セール，販売　2 券，チケット
3 かばん　4 番号

解説 A の質問は Did you buy ～? という形で，your airplane (　) to Taiwan を買ったかどうかたずねています。airplane「飛行機」とつながるのは ticket「切符，乗車[搭乗]券」で，airplane ticket で「航空券」の意味になります。

(6) 解答 4

訳 「私の父は車の中で，ラジオで音楽を聞くことが好きです」

1 歌手　2 台所
3 置き[掛け]時計　4 ラジオ

解説 likes to listen to music「音楽を聞くことが好き」とあるので，音楽を聞くことができる radio「ラジオ」が正解です。on the radio「ラジオで」の形で覚えておきましょう。

(7) 解答 4

訳 A「今夜は勉強できないよ。眠すぎるよ」
B「デイビッド，明日は大事なテストがあるのよ。寝る前に少し勉強してね」

1 近い　2 暖かい　3 かわいい　4 眠い

解説 デイビッドは I can't study tonight. の理由を，次の I'm too (　). で説明しています。何が勉強できない理由になるかを考えて，sleepy「眠い」を入れます。too ～ は「～すぎる，あまりに～」という意味です。

(8) 解答 4

訳 A「ジェニファー，デザートの前に野菜を食べないとだめだよ」

B「わかってるわ，お父さん」

1 ～しなければならない

2 来る

3 行く

4 （have to ～ で）～しなければならない

解説 空所の後の to とのつながりと，eat some vegetables before dessert「デザートの前に少し野菜を食べる」という内容から，have to ～（動詞の原形）「～しなければならない」という表現にします。must もほぼ同じ意味ですが，〈must＋動詞の原形〉の形で使われます。

(9) 解答 2

訳 A「ビーチへ行こうよ」

B「いいわよ。行く前に私たちの食べ物を作るから，ちょっと待ってね」

1 立つ

2 （wait a minute で）ちょっと待つ

3 飛び跳ねる

4 急ぐ

解説 空所の後の a minute とのつながりから，wait a minute「ちょっと待つ」という表現にします。B の so は I'll make us some food before we go を受けていて，ビーチへ行く前に自分たちの食べ物を作るので，ちょっと待ってほしいと伝えています。

(10) 解答 3

訳 A「よく料理をするの？」

B「うん。毎朝朝食を作るので，6時に起きるんだ」

1 下へ　　2 離れて

3 （wake up で）起きる　　4 中へ

解説 空所の前の wake とのつながりから，wake up「目を覚ます，起きる」という表現にします。wake up at ～「～時に起きる」の形で覚えておきましょう。なお，get up「起きる，起床する」は寝ている状態から起き上がることを意味し，ここで同じように使えます。

(11) 解答 3

訳 「メアリーは犬を散歩に連れていくのが大好きです。彼女はペットに優しいです」

1 賢い
2 難しい
3 (is kind to ～ で) ～に優しい
4 幸せな

解説 2文目の She's は She is の短縮形です。空所の後に to があることと，その後に her pets「彼女のペット」が続いていることから，be kind to ～「～に優しい」という表現にします。take ～ for a walk は「～を散歩に連れていく」という意味です。

(12) 解答 1

訳 A「この歌を知ってる？」
B「うん。この歌の最後の部分はとてもわくわくするよ」

1 (the last part of ～ で) ～の最後の部分
2 時間
3 船
4 置き[掛け]時計

解説 空所の前の The last「最後の」と，空所の後の of とつながるのは part「部分」で，the last part of ～ で「～の最後の部分」という意味になります。

(13) 解答 2

訳 A「今度の土曜日に映画館へ行きたいの。あなたは忙しい？」
B「土曜日は野球の試合があるけど，日曜日なら行けるよ」

1 ～である
2 ～することができる
3 ～を持っていた
4 ～を持っている

解説 空所の後に動詞の go が続いていることに注目します。動詞の直前で使うことができるのは助動詞の can「～することができる」で，〈can＋動詞の原形〉の形になります。**1**，**3**，**4** はいずれも動詞の原形とは結びつきません。

(14) 解答 4

訳　A「これはだれの帽子なの？」
B「あら，それは私のものよ」
1 私は　2 私を[に]　3 私の　4 私のもの

解説　〈Whose＋名詞〉は「だれの～」という意味で，A は帽子がだれのものであるかをたずねているので，空所には mine「私のもの」が入ります。ここでの mine は，my hat「私の帽子」ということです。

(15) 解答 1

訳　A「明日は雨が降るかしら」
B「わからないよ。インターネットで調べてみるよ」

解説　空所の前に to があるので，この後には動詞の原形である check「調べる，確認する」が続きます。ここでの I'm going to check は「（これから）調べてみる」という意味です。

筆記 2

問題編 P20～21

(16) 解答 3

訳　女の子 1「ハロウィーンパーティーをしましょうよ」
女の子 2「いいわね。私は黒猫になりたいわ」
1 初めまして。　2 お帰りなさい。
3 いいわね。　4 またね。

解説　Let's ～ は「～しましょう」という意味で，女の子 1 は a Halloween party「ハロウィーンパーティー」をしようと提案しています。女の子 2 は I want to be a black cat. と何の仮装をしたいか伝えているので，相手の提案などに同意する Sounds good.「いいですね」が正解です。

(17) 解答 3

訳　先生「野球は好きかい，ビンセント？」
生徒「はい，ホワイト先生。それはぼくの大好きなスポーツで，毎週末しています」

1 それは楽しくないです，
2 ぼくはそれをしませんでした，
3 それはぼくの大好きなスポーツです，
4 ぼくはよくそれを着ます，

解説 ホワイト先生からの Do you like baseball, Vincent? という質問にビンセントは Yes と答えているので，野球が my favorite sport「自分の大好きなスポーツ」だと説明している **3** が正解です。every weekend は「毎週末」という意味です。

(18) 解答 1

訳 従業員「お客さまの部屋番号は 101 です。こちらがお客さまのかぎです」
男性「ありがとうございます」
従業員「ご滞在をお楽しみください」

1 こちらがお客さまのかぎです。
2 それは 9 時に閉まります。
3 どういたしまして。
4 それはいい考えですね。

解説 Clerk が Your room number is 101. と部屋番号を伝えていることから，ホテルの従業員が宿泊客と話している場面だと考えられます。この後の発話として適切なのは，客へかぎを渡すときの表現である **1** の Here's your key. です。

(19) 解答 1

訳 男の子「今日はいい天気だね。君は何をしたい？」
女の子「そうね。テニスをするのはどう？」
男の子「いい考えだね」

1 テニスをするのはどう？　2 元気？
3 それはいくら？　4 天気はどう？

解説 男の子は What do you want to do? と何をしたいか女の子にたずねているので，How about ～ing?「～するのはどうですか」を使ってテニスをすることを提案している **1** が正解です。

(20) 解答 2

訳 女の子1「これは私の新しい時計よ。どう思う？」
女の子2「気に入ったわ」

1 あなたはどう？　2 どう思う？
3 何をしているの？　4 今何時？

解説 This is my new watch. から，女の子1が自分の新しい時計を女の子2に見せている場面だとわかります。女の子2はI like it. と答えているので，その時計をどう思うかたずねている**2**のWhat do you think?「どう思いますか」が正解です。

筆記 3　問題編 P22～23

(21) 解答 3

正しい語順 Cindy (couldn't go camping because it) was raining today.

解説 文頭の主語 Cindy の後は，「～することができませんでした」を意味する couldn't が続きます。「キャンプに行く」は，go ～ing「～しに行く」を使って go camping とします。この後に，理由を表す接続詞 because，さらに天気を表すときの主語になる it を続けます。

(22) 解答 2

正しい語順 (My brother was writing an e-mail) when I came home.

解説 主語になる My brother から始めます。「～を書いていました」は過去進行形〈was / were ～ing〉を使い，was writing とします。この後に was writing の目的語が続きますが，「メール」を「1通のEメール」と考えて an e-mail とします。

(23) 解答 3

正しい語順 (My father gave me a new bike for) my birthday.

解説 主語になる My father から始めます。日本文の「～をくれました」

に相当する部分は give「～を与える，あげる，くれる」の過去形 gave で表します。〈give＋(人)＋(物)〉「(人) に (物) を与える」の形で，gave me a new bike の語順にします。「私の誕生日に」の部分は，for を文末の my birthday につなげます。

(24) 解答 4

正しい語順 Nancy (and I were at the concert hall) last night.

解説 主語は「ナンシーと私」なので，Nancy の後に and と I を続けて主語を完成させます。「いました」の部分は，are の過去形 were を使います。この後に，場所を表す前置詞 at「～に」と the concert hall をつなげます。

(25) 解答 1

正しい語順 (May I call you this) afternoon?

解説 「～してもいいですか」という許可を求める疑問文なので，May I で始めます。この後に，動詞の call「～に電話する」と，その目的語になる you を続けます。「今日の午後」は，this を文末の afternoon とつなげて this afternoon とします。

筆記 4A

問題編 P24～25

全訳

スターリントン動物園
1月のニュース

私たちの動物園で驚くべき動物たちをごらんください！

ホワイトタイガー

1月5日に，ブラックリバー動物園から2頭のホワイトタイガーがやって来ます。ホワイトタイガーはもうすぐ6カ月になります。名前はネラとルルです。

ヒグマ

1月12日に，ヒグマがスターリントン動物園にやって来ます。名前はボビーで，もうすぐ2歳になります。

(26) 解答 2

質問の訳 「ホワイトタイガーは何歳ですか」

選択肢の訳
1 もうすぐ2カ月。 2 もうすぐ6カ月。
3 もうすぐ2歳。 4 もうすぐ5歳。

解説 How old is / are ～?「～は何歳ですか」は，年齢をたずねる質問です。White Tigers の部分に，They're almost six months old. と書かれています。They're は They are の短縮形で，They は Two white tigers を指しています。almost は「もうすぐ，あと少しで」という意味で使われています。

(27) 解答 4

質問の訳 「ヒグマはいつスターリントン動物園に来ますか」

選択肢の訳
1 1月2日に。 2 1月5日に。
3 1月6日に。 4 1月12日に。

解説 the brown bear「ヒグマ」がいつスターリントン動物園にやって来るかは，Brown Bear の部分に，A brown bear will arrive at Sterlington Zoo on January 12. と書かれています。arrive at ～ は「～に到着する」という意味です。

筆記 4B

問題編 P26～27

全訳
差出人：ポール・ケラー
受取人：ジェニー・ピーターソン
日付：9月7日
件名：新しいクラブ

こんにちは，ジェニー，

学校に新しいチェスクラブがあるよ！ ぼくは昨年の夏に，チェスのやり方を習ったよ。祖父がぼくに教えてくれたんだ。今は，毎週日曜日に姉[妹]といっしょにしているよ。ぼくはチェスがうまくなりたくて，このクラブに入ったんだ。君もクラブに入らない？ 生徒は次の火曜日までに参加登録をしなければならないんだ。クラブのメンバーは，毎週水曜日の午後に集まるよ。

また明日,

ポール

差出人：ジェニー・ピーターソン
受取人：ポール・ケラー
日付：9月8日
件名：はい！

こんにちは，ポール,

私もチェスクラブに入りたいわ！ 兄[弟]と私は時々チェスをするの。お父さんが私たちにルールを教えてくれたの。でも，兄[弟]はチェスがそんなに好きではないので，あまりしないの。もっとしたいから，明日クラブに参加登録をするわ。

それじゃ,

ジェニー

(28) 解答 3

質問の訳 「チェスクラブのメンバーが集まるのは」

選択肢の訳
1 毎週月曜日に。 2 毎週火曜日に。
3 毎週水曜日に。 4 毎週日曜日に。

解説 meet は「集まる」という意味で使われています。チェスクラブのメンバーがいつ集まるか（活動するか）について，ポールはジェニーに送ったEメールの最後のほうに，The club members meet every Wednesday afternoon. と書いています。

(29) 解答 3

質問の訳 「だれがジェニーにチェスのしかたを教えましたか」

選択肢の訳
1 彼女の祖父。 2 彼女の姉[妹]。
3 彼女の父親。 4 彼女の兄[弟]。

解説 taught は teach「（～に）…を教える」の過去形，how to ～ は「～のしかた」という意味です。ジェニーはポールに送ったEメールの3文目で，Our dad taught us the rules. と書いています。the rules「そのルール」とは，チェスのルールのことです。正解 **3** では，dad のかわりに father が使われています。

(30) 解答 1

質問の訳 「ジェニーはなぜチェスクラブに入りたいのですか」

選択肢の訳
1 彼女はもっとチェスがしたい。
2 彼女はポールの姉[妹]とチェスがしたい。
3 彼女はトーナメントで優勝したい。
4 彼女は兄[弟]との試合に勝ちたい。

解説 ジェニーはポールへのEメールの最後のほうで，I want to play more, so I'll sign up for the club tomorrow. と書いています。so は「だから」という意味で，I want to play more が明日クラブに参加登録をする（＝クラブに入る）理由です。

筆記 4C

問題編 P28〜29

全訳

アンドルーの新しい先生

アンドルーは昨年高校に入学しました。12月に，彼はいくつかのテストを受けました。彼は数学，英語，理科で高得点を取りました。しかし，歴史のテストで低い点数を取ったので，彼の両親は心配しました。父親は，「もっと一生懸命勉強しなければならないよ」と言いました。しかし，アンドルーは歴史を勉強することが好きではありませんでした。

1月に，アンドルーの学校に新しい歴史の先生がやって来ました。先生は，歴史について学ぶためにアンドルーのクラスを興味深い場所へ連れていきました。彼らは4月に城，5月に歴史博物館へ行きました。授業では，生徒たちは歴史上の有名人についてレポートを書きました。アンドルーの友だちのサリーは芸術家について書き，彼の友だちのビルは王について書きました。アンドルーは有名な科学者について書きました。

アンドルーは両親に新しい先生のことを話しました。彼は，「ぼくは歴史についてもっと勉強したいんだ」と言いました。アンドルーの母親は，「図書館へ行くといいわ。そこには歴史に関する本やビデオがたくさんあるわよ」と言いました。現在，アンドルーは毎週土曜日の朝に図書館へ行きます。

(31) 解答 3

質問の訳 「アンドルーの両親はなぜ心配しましたか」

選択肢の訳
1 アンドルーは歴史だけを勉強したかった。
2 アンドルーは歴史博物館に遅れて到着した。
3 アンドルーはテストで低い点数を取った。
4 アンドルーは授業に遅刻した。

解説 worried は「心配して」という意味です。第1段落の4文目に, But he got a low score on his history test, so his parents were worried. と書かれています。so「だから」の前に書かれている内容が, アンドルーの両親が心配した理由です。a low score は「低い点数」という意味です。

(32) 解答 2

質問の訳 「アンドルーのクラスが城へ行ったのは」

選択肢の訳 1 1月。 2 4月。 3 5月。 4 9月。

解説 アンドルーのクラスが castle「城」へ行った時期については, 第2段落の3文目に, They went to a castle in April とあります。They は Andrew's class を指しています。a history museum「歴史博物館」へ行った May と混同しないように気をつけましょう。

(33) 解答 2

質問の訳 「だれが王についてレポートを書きましたか」

選択肢の訳
1 サリー。 2 ビル。
3 アンドルー。 4 アンドルーの先生。

解説 wrote は write「～を書く」の過去形です。第2段落の4文目の In class, her students wrote reports … に続けて, 5文目でだれが何についてレポートを書いたか説明されています。5文目後半の …, and his friend Bill wrote about a king. から, **2** が正解です。

(34) 解答 2

質問の訳　「だれがアンドルーに図書館について話しましたか」

選択肢の訳　1　彼の父親。　2　彼の母親。
3　彼の先生。　4　彼の友だち。

解　説　told は tell「～に話す」の過去形です。第3段落の3文目に，Andrew's mother said, "You should go to the library. It has many books and videos about history." とあるので，アンドルーの母親が図書館へ行くようにすすめたことがわかります。

(35) 解答 3

質問の訳　「アンドルーは毎週土曜日の朝に，何をしますか」

選択肢の訳　1　彼は友だちと遊ぶ。　2　彼は書店で働く。
3　彼は図書館へ行く。　4　彼は学校へ行く。

解　説　質問の every Saturday morning「毎週土曜日の朝に」に注目します。このときにアンドルーが何をするかは，第3段落の最後に，Now, Andrew goes to the library every Saturday morning. と書かれています。

リスニング　第1部　問題編 P30～32

[例題] 解答 3

放送文　★：Hi, my name is Yuta.
☆：Hi, I'm Kate.
★：Do you live near here?
1　I'll be there.　2　That's it.
3　Yes, I do.

放送文の訳　★：「やあ，ぼくの名前はユウタだよ」
☆：「こんにちは，私はケイトよ」
★：「君はこの近くに住んでいるの？」
1　私はそこへ行くわ。　2　それだけよ。
3　ええ，そうよ。

No. 1 解答 1

放送文 ☆：Do you want a drink from the convenience store?
★：Yes, please.
☆：What kind do you want?
1 A bottle of cola. **2** It's in my bag.
3 My part-time job.

放送文の訳 ☆：「コンビニで飲み物がほしい？」
★：「うん，お願い」
☆：「どの種類がほしい？」
1 コーラ１本。 **2** それはかばんの中にあるよ。
3 ぼくのアルバイト。

解説 女性は最初に Do you want a drink from the convenience store? と言っているので，最後の What kind do you want? はどんな種類の飲み物がほしいかをたずねる質問です。cola「コーラ」と答えている **1** が正解で，a bottle of ～ は「1 本の～」という意味です。

No. 2 解答 1

放送文 ★：Let's wash the dog after breakfast.
☆：OK, Dad.
★：Can you get some towels and the dog shampoo?
1 Yes, I can do that.
2 I'm not hungry.
3 Well, she's five years old.

放送文の訳 ★：「朝食後に犬を洗おう」
☆：「わかったわ，お父さん」
★：「タオルと犬のシャンプーを持ってきてくれる？」
1 うん，私はそれができるわ。
2 私はお腹がすいていないわ。
3 そうね，彼女は５歳よ。

解説 Can you ～? は「～してくれますか」という意味で，父親は娘に some towels and the dog shampoo「何枚かのタオルと犬のシャンプー」を持ってくるよう頼んでいます。これに対して，Yes に続けて I can do that「それができる」と答えている **1** が正解です。

No.3 解答 3

放送文 ★：What are you reading?
☆：A Japanese comic book.
★：Cool. Did you buy it?
1 I want to go one day.
2 Yeah, we studied together.
3 No, it was a present.

放送文の訳 ★：「何を読んでいるの？」
☆：「日本のマンガ本よ」
★：「すごいね。それを買ったの？」
1 私はいつか行きたいわ。
2 そう，私たちはいっしょに勉強したわ。
3 ううん，プレゼントだったの。

解説 Did you buy it? の it は，女の子が読んでいる a Japanese comic book「日本のマンガ本」のことです。それを買ったのかどうかたずねているので，買ったのではなく a present「プレゼント」だったと答えている **3** が正解です。

No.4 解答 2

放送文 ☆：Will you take a trip this summer?
★：Yes. I'll visit my grandparents.
☆：Where do they live?
1 For three weeks. 2 In Vancouver.
3 By plane.

放送文の訳 ☆：「今年の夏は旅行に行くの？」
★：「うん。祖父母を訪ねるよ」
☆：「どこに住んでいるの？」
1 3 週間だよ。 2 バンクーバーにだよ。
3 飛行機でだよ。

解説 Where do they live? の they は，男の子の grandparents「祖父母」のことです。女の子は男の子の祖父母がどこに住んでいるかをたずねているので，In Vancouver「バンクーバーに」と場所を答えている **2** が正解です。

No.5 解答 2

放送文 ☆：I drew this picture for Grandma.

★：It's pretty.

☆：When can I give it to her?

1 It's too early.

2 On Sunday afternoon.

3 Last month.

放送文の訳 ☆：「おばあちゃんにこの絵を描いたの」

★：「かわいらしいね」

☆：「いつおばあちゃんに渡せるかしら」

1 早すぎるよ。

2 日曜日の午後にだね。

3 先月だよ。

解説 When can I give it to her? の it は女の子が描いた絵，her は Grandma「おばあちゃん」を指しています。女の子はいつおばあちゃんに絵を渡せるかたずねているので，On Sunday afternoon. と具体的な時を答えている **2** が正解です。

No.6 解答 3

放送文 ★：I'm hungry.

☆：Do you want an apple?

★：Not really.

1 You should check.

2 Sure, I'll make it.

3 OK, have some grapes, then.

放送文の訳 ★：「お腹がすいたよ」

☆：「リンゴを食べる？」

★：「あまり食べたくないな」

1 確認したほうがいいわ。

2 もちろん，それを作るわ。

3　わかったわ，それならブドウを食べて。

解説　女性の Do you want an apple? に，男の子は Not really.「そうでもない→リンゴはあまり食べたくない」と答えています。この後の女性の発話として適切なのは，grapes「ブドウ」を食べるようにと言っている **3** です。then「それなら」は「リンゴを食べたくないなら」ということです。

No.7　解答 ②

放送文　☆：My dad made this fried chicken for me.

★：How is it?

☆：I love it.

1　I don't have any money.

2　It looks delicious.

3　Yes, I can cook.

放送文の訳　☆：「お父さんが私にこのフライドチキンを作ってくれたの」

★：「どう？」

☆：「私は大好きよ」

1　ぼくはお金がまったくないんだ。

2　それはとてもおいしそうだね。

3　うん，ぼくは料理することができるよ。

解説　女の子の父親が作ってくれた fried chicken「フライドチキン」が話題です。女の子の I love it.「それ（＝フライドチキン）が大好きよ」の後に続く男の子の発話として適切なのは **2** で，look(s) は「～のように見える」，delicious は「とてもおいしい」という意味です。

No.8　解答 ①

放送文　★：Are you busy?

☆：Yes, I'm at work.

★：Can we talk this evening?

1　Sure, I'll call you back later.

2　You're welcome.

3　That's too bad.

放送文の訳 ★：「忙しい？」
☆：「ええ，仕事中よ」
★：「今晩話せる？」
1 いいわよ，後でかけ直すわ。
2 どういたしまして。
3 それは残念ね。

解説 男性の Can we talk this evening? は，今晩女性と話せるかどうかをたずねる質問です。これに応じた発話になっているのは **1** で，Sure「いいわよ」の後に，call ～ back「～に電話をかけ直す」を使って，後でかけ直すことを伝えています。

No.9 解答 3

放送文 ☆：Did you enjoy fishing?
★：Yes.
☆：How many fish did you catch?
1 Almost all day.
2 No, thanks.
3 Only three.

放送文の訳 ☆：「釣りは楽しかった？」
★：「うん」
☆：「何匹の魚を釣ったの？」
1 ほとんど1日中だよ。
2 ううん，けっこうだよ。
3 3匹だけ。

解説 〈How many＋名詞〉「いくつの～」は数をたずねる表現です。ここでは，女の子が男の子に何匹の魚を釣ったかたずねているので，Only three. と具体的な数を答えている **3** が正解です。

No.10 解答 1

放送文 ★：I'm going to be late.
☆：I'll help you.
★：Where are my shoes?
1 Near the front door.
2 In the morning.
3 They are black.

放送文の訳 ★：「遅刻しそうだ」

☆：「手伝うわよ」

★：「ぼくのくつはどこ？」

1 （正面）玄関の近くよ。　　2 朝によ。

3 それらは黒よ。

解説 最後の疑問文は Where「どこに」で始まっていて，my shoes「ぼくのくつ」がどこにあるかをたずねています。場所を答えている選択肢は Near「～の近くに」で始まっている **1** で，the front door は「（正面）玄関」という意味です。

リスニング 第2部 問題編 P32～33

No.11 解答 2

放送文 ★：Excuse me. I'm looking for a dictionary.

☆：What kind do you want?

★：A French one.

☆：They're on the first floor, near the magazines.

Question: What is the man looking for?

放送文の訳 ★：「すみません。辞書を探しているんですが」

☆：「どんな種類をお探しですか」

★：「フランス語の辞書です」

☆：「1階の，雑誌の近くにございます」

質問の訳 「男性は何を探していますか」

選択肢の訳 1 書店。　　2 辞書。

3 旅行雑誌。　　4 フランス料理のレストラン。

解説 look for ～ は「～を探す」という意味で，男性の I'm looking for a dictionary. から，男性が探しているのは a dictionary「辞書」だとわかります。A French one. の one は dictionary のかわりに使われていて，「フランス語の辞書」ということです。

No.12 解答 3

放送文 ★：Wendy, did you put your lunchbox in your bag?

☆：Yes, Dad.
★：Great. Did you close the window in your room, too?
☆：No. I'll do that now.
Question: What will Wendy do next?

放送文の訳 ★：「ウェンディー，お弁当箱をかばんに入れた？」
☆：「うん，お父さん」
★：「よかった。部屋の窓も閉めた？」
☆：「ううん。今閉めるわ」

質問の訳 「ウェンディーは次に何をしますか」

選択肢の訳 **1** 新しいかばんを買う。 **2** 自分の昼食を作る。
3 窓を閉める。 **4** 自分の弁当箱を洗う。

解説 父親の Did you close the window in your room, too? に対して，女の子は No. に続けて，I'll do that now.「今それをする」と答えています。do that「それをする」とは，自分の部屋の窓を閉めることなので，**3** が正解です。

No.13 解答 ❹

放送文 ★：Let's go to the movies tomorrow.
☆：Sorry, I can't.
★：Will you go somewhere?
☆：Yes, to the airport to meet a friend from Japan.
Question: Where will the girl go tomorrow?

放送文の訳 ★：「明日，映画を見に行こうよ」
☆：「ごめん，行けないわ」
★：「どこかへ行くの？」
☆：「ええ，日本から来る友だちを迎えに空港へ」

質問の訳 「女の子は明日，どこへ行きますか」

選択肢の訳 **1** 映画へ。 **2** 日本へ。 **3** 学校へ。 **4** 空港へ。

解説 男の子の Let's go to the movies tomorrow. に対して女の子は Sorry, I can't. と答えているので，**1** は不正解です。女の子は最後に，to the airport「空港へ」と明日行く場所を伝えています。その後の to meet a friend from Japan は空港へ行く目的です。

No.14 解答 1

放送文 ★：May I help you?
☆：How much are these doughnuts?
★：Usually two dollars, but today they're on sale for one dollar each.
☆：I'll take five, please.
Question: How much are doughnuts today?

放送文の訳 ★：「いらっしゃいませ」
☆：「このドーナツはいくらですか」
★：「いつもは2ドルですが，今日はセールで1つ1ドルです」
☆：「5つください」

質問の訳 「今日，ドーナツはいくらですか」

選択肢の訳 1　1つ1ドル。　2　1つ2ドル。
3　1つ4ドル。　4　1つ5ドル。

解説 How much is / are ～?「～はいくらですか」は，値段をたずねる表現です。Usually ～, but today ...「いつもは～，でも今日は…」の流れに注意します。質問では今日の doughnuts「ドーナツ」の値段をたずねているので，today they're on sale for one dollar each から，**1** が正解です。on sale は「セールで，特売で」という意味です。

No.15 解答 1

放送文 ☆：Did you watch TV last night, Tony?
★：No, I didn't. I went to bed at eight o'clock.
☆：Why did you go to bed so early?
★：I had soccer practice after school, and I was very tired.
Question: Why did Tony go to bed at eight o'clock?

放送文の訳 ☆：「昨夜テレビを見た，トニー？」
★：「ううん，見なかった。8時に寝たよ」
☆：「どうしてそんなに早く寝たの？」
★：「放課後にサッカーの練習があって，とても疲れていたんだ」

質問の訳 「トニーはなぜ8時に寝ましたか」

選択肢の訳 1　彼は疲れていた。

2　彼はテレビを見た。
3　彼は学校で一生懸命勉強した。
4　彼は早く起きたかった。

解説　go to bed は「寝る」という意味です。女の子の Why did you go to bed so early? はそんなに早く（=8時に）寝た理由をたずねる質問で，男の子はその理由を I had soccer practice after school, and I was very tired. と説明しています。

No.16 解答 ③

放送文
☆：How was your birthday?
★：Great. I got a guitar.
☆：Wow!
★：I had dinner at an Italian restaurant, too.
Question: What are they talking about?

放送文の訳
☆：「誕生日はどうだった？」
★：「とてもよかったよ。ギターをもらったんだ」
☆：「うわー！」
★：「イタリア料理のレストランで夕食も食べたよ」

質問の訳　「彼らは何について話していますか」

選択肢の訳
1　女の子のバンド。
2　女の子のギター。
3　男の子の誕生日。
4　男の子のイタリア旅行。

解説　How was ～?「～はどうでしたか」は，相手に感想などをたずねる表現です。対話は女の子の How was your birthday? から始まっていて，男の子は誕生日に guitar「ギター」をもらったことや，an Italian restaurant「イタリア料理のレストラン」で夕食を食べたことを伝えているので，男の子の誕生日が話題になっています。

No.17 解答 ②

放送文
★：Are you busy today?
☆：Yes, I'll help at my parents' restaurant.
★：Let's have coffee after that.
☆：Sorry. I'll be too tired.

Question: What will the woman do today?

放送文の訳 ★：「今日は忙しいの？」

☆：「ええ，両親のレストランで手伝いをするの」

★：「その後でコーヒーを飲もうよ」

☆：「ごめん。とても疲れているだろうから」

質問の訳 「女性は今日，何をしますか」

選択肢の訳 1 仕事を探す。

2 両親のレストランを手伝う。

3 家の掃除を手伝う。

4 友だちといっしょにコーヒーを飲む。

解　説 男性の Are you busy today? という質問に，女性は Yes に続けて I'll help at my parents' restaurant と答えています。parents は「両親」という意味で，今日は両親のレストランを手伝う予定だと言っています。

No. 18 解答 3

放送文 ☆：Do you want some strawberry pancakes?

★：No. Let's make blueberry pancakes.

☆：OK. I'll buy some butter, then.

★：Thanks.

Question: What will the woman buy?

放送文の訳 ☆：「イチゴのパンケーキがほしい？」

★：「ううん。ブルーベリーのパンケーキを作ろうよ」

☆：「いいわよ。じゃあ，バターを買ってくるわ」

★：「ありがとう」

質問の訳 「女性は何を買いますか」

選択肢の訳 1 イチゴ。　2 パンケーキ。

3 バター。　4 ブルーベリー。

解　説 女性の I'll buy some butter, then. から，女性が買うのは butter「バター」だとわかります。then「それなら」は，男の子の Let's make blueberry pancakes. を受けて，「ブルーベリーのパンケーキを作るなら」ということです。

No. 19 解答 1

放送文 ★ : Jill, will you go to the music festival?
☆ : Yes, I'll go with my sister. What about you, Frank?
★ : I'll buy my ticket today.
☆ : Great!
Question: Who will buy a ticket today?

放送文の訳 ★ :「ジル，音楽祭に行く？」
☆ :「ええ，姉[妹]と行くわ。あなたはどう，フランク？」
★ :「今日チケットを買うよ」
☆ :「いいわね！」

質問の訳 「今日，だれがチケットを買いますか」

選択肢の訳 1 フランク。 2 ジル。
3 フランクの姉[妹]。 4 ジルの姉[妹]。

解説 the music festival「音楽祭」が話題になっています。ジルのWhat about you, Frank? は，フランクも音楽祭へ行くかどうかをたずねる質問です。これに対してフランクは，I'll buy my ticket today. と答えているので，今日チケットを買うのはフランクです。

No. 20 解答 1

放送文 ☆ : I loved living in Australia.
★ : When did you come back?
☆ : Two weeks ago. I was there for a year.
★ : Wow.
Question: When did the girl come back from Australia?

放送文の訳 ☆ :「私はオーストラリアでの生活が大好きだったわ」
★ :「いつ戻ってきたの？」
☆ :「2 週間前よ。1 年間そこにいたの」
★ :「すごいね」

質問の訳 「女の子はいつオーストラリアから戻ってきましたか」

選択肢の訳 1 2 週間前。 2 2 カ月前。 3 昨年。 4 昨日。

解説 男の子の When did you come back? は，女の子が Australia「オーストラリア」からいつ戻ってきたかをたずねる質問です。女の子は Two week ago. と答えているので，**1** が正解です。ago は「～前に」という意味です。

リスニング　第3部　問題編 P33～34

No.21 解答 ③

放送文　I'm going to go to Europe next year. I'll stay in France for two weeks and Germany for one week. Then, I'll go to Spain for five days.

Question: How long will the woman stay in France?

放送文の訳　**「私は来年，ヨーロッパへ行きます。フランスに2週間，ドイツに1週間滞在します。それから，スペインに5日間行きます」**

質問の訳　**「女性はフランスにどれくらいの期間滞在しますか」**

選択肢の訳　**1　5日間。　2　1週間。　3　2週間。　4　1年間。**

解説　I'll stay in France for two weeks から，フランスでの滞在期間は2週間だとわかります。Germany「ドイツ」に滞在する for one week，Spain「スペイン」に滞在する for five days と混同しないように注意しましょう。

No.22 解答 ②

放送文　My family went on a trip to the beach last week. We went by car because we took our dog.

Question: What is the boy talking about?

放送文の訳　**「先週，ぼくの家族はビーチへ旅行に行きました。犬を連れていったので，ぼくたちは車で行きました」**

質問の訳　**「男の子は何について話していますか」**

選択肢の訳　**1　彼の大好きなスポーツ。　2　彼の家族旅行。**
3　彼の大好きな動物。　4　彼の新車。

解説　1文目の My family went on a trip to the beach last week. から，男の子は家族といっしょにビーチへ行ったことについて話しているとわかります。go on a trip to ～ は「～へ旅行に行く」という意味です。

No.23 解答 1

放送文 On Saturday, Jim played baseball in the park with his friends. He found a bag on a bench, so he took it to the police station.

Question: Why did Jim go to the police station?

放送文の訳 「土曜日に，ジムは友だちと公園で野球をしました。彼はベンチでかばんを見つけたので，それを警察署に持っていきました」

質問の訳 「ジムはなぜ警察署へ行きましたか」

選択肢の訳
1 彼はかばんを見つけた。
2 彼はセーターを見つけた。
3 彼は野球のボールをなくした。
4 彼は帽子をなくした。

解説 2文目は ～, so …「～，だから…」の構文になっていて，He found a bag on a bench が he took it to the police station の理由になっています。found は find「～を見つける」，took は take「～を持っていく」の過去形です。

No.24 解答 4

放送文 My science homework was really hard, so I asked my brother for help. He was busy. My mother wasn't home, but my father helped me.

Question: Who helped the girl with her homework?

放送文の訳 「理科の宿題が本当に難しかったので，私は兄に助けを求めました。兄は忙しくしていました。母は家にいませんでしたが，父が私を手伝ってくれました」

質問の訳 「だれが女の子の宿題を手伝いましたか」

選択肢の訳
1 彼女の先生。
2 彼女の兄。
3 彼女の母親。
4 彼女の父親。

解説 My science homework「私の理科の宿題」が話題です。I asked my brother for help の後に He was busy. と続いているので，**2** は不正解です。最後の …, but my father helped me. に正解

が含まれています。

No. 25 解答 1

放送文　Now for the weather. This afternoon will be cold and rainy. It won't rain tonight, but it will be windy. Tomorrow morning, it will be sunny.

Question: When will it be rainy?

放送文の訳　「それでは，お天気です。今日の午後は寒く，雨が降るでしょう。今夜は雨は降りませんが，風が強くなるでしょう。明日の朝は晴れるでしょう」

質問の訳　「いつ雨が降りますか」

選択肢の訳
1　今日の午後。　2　今夜。
3　明日の朝[午前]。　4　明日の午後。

解説　天気予報の聞き取りです。質問では，いつ雨が降るかをたずねているので，This afternoon will be cold and rainy. から **1** が正解です。This afternoon → cold and rainy，tonight → windy，Tomorrow morning → sunny の各情報を聞き分けるようにしましょう。

No. 26 解答 3

放送文　I went to the zoo with my sister yesterday. We saw some pandas. They ate and played outside. I took pictures of my sister with the animals.

Question: What did the boy do yesterday?

放送文の訳　「ぼくは昨日，姉[妹]といっしょに動物園へ行きました。ぼくたちはパンダを見ました。パンダは外で食べたり遊んだりしました。ぼくは，動物といっしょに姉[妹]の写真を撮りました」

質問の訳　「男の子は昨日，何をしましたか」

選択肢の訳
1　彼は食べ物を作った。　2　彼はパンダの絵を描いた。
3　彼は写真を撮った。　4　彼は動物にえさをあげた。

解説　男の子が姉[妹]といっしょに動物園へ行ったことについて話しています。動物園でしたことは，We saw some pandas. と I took pictures of my sister with the animals. の2つが説明されていて，後者が正解の **3** に相当します。

No. 27 解答 3

放送文 Jeff went to the store yesterday. There was no beef, so he bought chicken. Today, he made chicken curry.

Question: What did Jeff buy yesterday?

放送文の訳 「ジェフは昨日，お店に行きました。牛肉がなかったので，彼は鶏肉を買いました。今日，彼はチキンカレーを作りました」

質問の訳 「ジェフは昨日，何を買いましたか」

選択肢の訳 1 カレー。 2 デザート。 3 鶏肉。 4 牛肉。

解説 2文目の前半で There was no beef と言っているので，**4** は不正解です。その後の so he bought chicken から，**3** が正解です。bought は buy「～を買う」の過去形です。最後の Today, he made chicken curry. を聞いて **1** を選んでしまわないように注意しましょう。

No. 28 解答 1

放送文 Welcome to Hilltop Department Store. Men's and women's clothes are on the first floor, and children's clothes are on the second floor. Have a great day!

Question: What can people buy on the second floor?

放送文の訳 「ヒルトップ百貨店へようこそ。紳士服と婦人服は1階で，子ども服は2階にございます。すてきな1日をお過ごしください！」

質問の訳 「2階で何を買うことができますか」

選択肢の訳 1 子ども服。 2 紳士服。 3 婦人服。 4 おもちゃ。

解説 デパートの店内放送です。… and children's clothes are on the second floor. から，2階で買うことができるのは子ども服だとわかります。**2** の Men's clothes と **3** の Women's clothes は，いずれも the first floor「1階」にあるものです。

No. 29 解答 4

放送文 Tom's friends will go to a baseball game today. Tom can't go to it because he will go on a camping trip.

Question: What will Tom do today?

放送文の訳　「トムの友だちは今日，野球の試合に行きます。トムはキャンプ旅行に出かけるので，それに行くことができません」

質問の訳　「トムは今日，何をしますか」

選択肢の訳
1　公園で友だちに会う。　2　野球の練習に行く。
3　修学旅行に行く。　4　キャンプ旅行に行く。

解　説　Tom can't go to it の it は，a baseball game「野球の試合」を指しています。その後の because 以下にある he will go on a camping trip が，今日トムがすることです。camping trip は「キャンプ旅行」という意味です。

No.30 解答 1

放送文　Attention, please. Greenlake Supermarket will close at 9:30 tonight. The café will be open until 9:15. We will open tomorrow morning at 8:15.

Question: What time will Greenlake Supermarket open tomorrow?

放送文の訳　「みなさまにご連絡いたします。グリーンレイク・スーパーマーケットは今夜9時30分に閉店いたします。カフェは9時15分まで営業しております。明朝は8時15分に開店いたします」

質問の訳　「明日，グリーンレイク・スーパーマーケットは何時に開店しますか」

選択肢の訳
1　8時15分に。　2　8時30分に。
3　9時15分に。　4　9時30分に。

解　説　We will open tomorrow morning at 8:15. から，明日の開店時刻は8時15分だとわかります。8:15は，eight fifteen と読みます。**3** の9:15（nine fifteen）はカフェの今夜の営業終了時刻，**4** の9:30（nine thirty）はスーパーマーケットの今夜の閉店時刻です。

2023-1

解答一覧

筆記

1	(1)	2	(6)	2	(11)	2
	(2)	3	(7)	3	(12)	4
	(3)	4	(8)	4	(13)	1
	(4)	1	(9)	1	(14)	3
	(5)	2	(10)	3	(15)	2
2	(16)	3	(18)	3	(20)	1
	(17)	2	(19)	2		
3	(21)	3	(23)	1	(25)	1
	(22)	3	(24)	2		
4 A	(26)	1	4 B		(28)	2
	(27)	4			(29)	4
					(30)	3
4 C	(31)	3	(33)	3	(35)	2
	(32)	1	(34)	3		

リスニング

第1部	No. 1	1	No. 5	1	No. 9	2
	No. 2	3	No. 6	1	No.10	3
	No. 3	3	No. 7	2		
	No. 4	2	No. 8	2		
第2部	No.11	2	No.15	3	No.19	3
	No.12	4	No.16	4	No.20	1
	No.13	4	No.17	2		
	No.14	1	No.18	1		
第3部	No.21	4	No.25	1	No.29	2
	No.22	1	No.26	4	No.30	3
	No.23	4	No.27	2		
	No.24	1	No.28	1		

筆記 1　問題編 P36～37

(1) 解答 2

訳　「ジョンは今日，授業が3つしかなかったので，2時に帰宅しました」

1 自転車　2 授業　3 壁　4 かさ

解説　文の後半にある so he got home at two o'clock「だから彼は2時に帰宅した」の理由が，前半の John only had three (　) today なので，three classes「3つの授業」しかなかったとします。classes は class「授業」の複数形です。

(2) 解答 3

訳　「私の両親は50年以上前にカナダに住み始めました。彼らは日本生まれです」

1 買った　2 答えた　3 始めた　4 登った

解説　空所の後の living とのつながりから，begin「～を始める」の過去形である began を入れて began living「住むことを始めた→住み始めた」とします。**1**，**2**，**4** はそれぞれ buy，answer，climb の過去形です。

(3) 解答 4

訳　A「昨夜は何をしたの？」
B「鳥に関するいいテレビ番組を見たよ」

1 体育館　2 文化　3 事務所　4 番組

解説　B の動詞が watched「～を見た」で，空所の前に TV「テレビ」があるので，program「番組」が正解です。TV program「テレビ番組」の形で覚えておきましょう。

(4) 解答 1

訳　A「お父さんの新車を洗うときには気をつけてね！」
B「わかってるよ。お父さんとぼくはいっしょに洗車するんだ」

1 注意深い　2 怒って　3 簡単な　4 大切な

解説 A の発話は Be で始まる命令文になっています。when you wash Dad's new car「あなたがお父さんの新車を洗うときに」という状況から，**1** の careful「注意深い」を入れて Be careful「気をつけなさい」とします。B の do it は wash Dad's new car を指しています。

(5) 解答 2

訳 **「私の祖母はいつも朝食を食べる前に犬を散歩させます」**

1 ～して以来 2 ～する前に 3 だから 4 しかし

解説 walks her dog「彼女（＝祖母）の犬を散歩させる」と she has breakfast をつなぐことができるのは before「～する前に」で，before she has breakfast は「彼女（＝祖母）が朝食を食べる前に」という意味です。

(6) 解答 2

訳 **A「私たちはいつ名古屋に着くかしら」**

B「9 時頃だよ」

1 出発する 2 到着する 3 ～になる 4 忘れる

解説 A の疑問文が When「いつ」で始まっていて，空所の後に場所を表す in Nagoya「名古屋に」が続いていることに注目します。**2** の arrive「到着する」が正解で，arrive in ～（場所）の形になっています。

(7) 解答 3

訳 **A「君はニュースを読む？」**

B「普段は私のスマートフォンでそれを読むわ」

1 台所 2 顔 3 ニュース 4 羊

解説 A の疑問文の動詞が read「～を読む」なので，その目的語として適切なのは **3** の news「ニュース」です。on my smartphone は「私のスマートフォンで」という意味です。

(8) 解答 4

訳 **「サリーは昨夜 10 時までに帰宅しなかったので，彼女の母親は怒りました」**

1　つかまえる　　2　たずねる
3　置く　　4　(come home で) 帰宅する

解説 空所の後にある home とつながるのは come で，come home は「帰宅する」という意味です。ここでは didn't come home by ～「～までに帰宅しなかった」という否定文になっています。

(9)　解答 ①

訳 A「台湾ではどこに滞在するの？」
B「友だちの家に泊まるわ。彼女は台湾出身なの」
1　(stay with ～ で) ～の家に泊まる　　2　～について
3　～の中へ　　4　～を横切って

解説 空所の前後にある stay「滞在する」と a friend とのつながりから，stay with ～「～の家に泊まる[滞在する]」という表現にします。*be* from ～ は「～の出身だ」という意味です。

(10)　解答 ③

訳 A「もう少しゆっくり話してくれませんか，アダムズさん？　私は英語がよく理解できないんです」
B「わかりました」
1　見る　　2　話す
3　(slow down で) 速度を落とす　　4　聞く

解説 空所の後の down とのつながりと，A が I can't understand English well.「私は英語がよく理解できない」と言っている状況から，slow down「速度を落とす」という表現にします。ここでは，A がアダムズさんにもう少しゆっくり話してくれるように頼んでいます。

(11)　解答 ②

訳 A「こんにちは。食べ物を注文したいのですが」
B「わかりました。少々お待ちください」
1　時間
2　(Just a moment. で) ちょっと待ってください。
3　クラブ
4　メンバー

解説 order は「～を注文する」という意味で，A が food「食べ物，食事」を注文しようとしている場面です。B の空所の前にある Just a とのつながりから，Just a moment.「ちょっと待ってください」という表現にします。

(12) 解答 4

訳 「ジェームズはタケウチさんのお別れ会についてアイディアがあります。彼女はとても驚くでしょう」

1 触る
2 理解する
3 買う
4 （has an idea for ～ で）～についてアイディアがある

解説 空所の後に an idea「アイディア，考え」があることに注目します。have an idea for ～ は「～についてアイディアがある」という意味の表現で，ここでは主語が James なので 3 人称単数の has が入ります。

(13) 解答 1

訳 「クリスは昨日，浜辺で雑誌を読んでいました。彼はそれをとても楽しみました」

解説 選択肢を見て，read の形がポイントになっていることを理解します。空所の前に was があるので，was reading「～を読んでいた」という過去進行形〈be 動詞の過去形（was / were）+ 動詞の～ing 形〉にします。

(14) 解答 3

訳 A「私の故郷にはたくさんのお寺がありますが，これが最も古いものです」
B「きれいですね」

1 ～よりずっと古い　2 同じくらい古い
3 最も古い　4 古すぎる

解説 空所の前に the があるので，〈the + 形容詞の最上級〉で「最も～」という表現にします。ここでは，old の最上級 oldest を使って the oldest「最も古い～」とします。one は temple「寺」のかわりに使われています。

(15) 解答 2

訳　A「だれがあのおばあちゃんの絵を描いたの？」
B「私が 10 歳のときに描いたのよ」

解説　B が I did when I was 10.「私が 10 歳のときにそうした」と過去形で答えていることから，draw「～を描く」の過去形 drew を使って Who drew ～?「だれが～を描きましたか」とします。

筆記 2 問題編 P38～39

(16) 解答 3

訳　女の子 1「昨日，この新しい雑誌を手に入れたの。読みたい？」
女の子 2「うん！　ありがとう」

1　それはいくらなの？　2　これはあなたのものなの？
3　あなたはそれを読みたい？　4　あなたはいつここに着くの？

解説　女の子 1 が昨日手に入れた this new magazine「この新しい雑誌」が話題です。女の子 2 が Yeah! の後に Thanks.「ありがとう」とお礼を言っているので，雑誌を読みたいかどうかをたずねる **3** の Do you want to read it? が正解です。

(17) 解答 2

訳　女の子「あなたはチーズケーキとチェリーパイのどちらのほうが好き？」
男の子「チェリーパイだよ。それはぼくの大好きなデザートなんだ。ぼくは毎週日曜日にそれを食べるよ」

1　ぼくは買い物に行くんだ。
2　それはぼくの大好きなデザートなんだ。
3　ぼくはチーズを食べるよ。
4　ぼくはサクランボをいくつか持っているよ。

解説　cheesecake と cherry pie のどちらが好きかをたずねられた男の子は，Cherry pie. と答えています。その後に続く発話であることと，最後に I have it every Sunday. と言っていることから，チェリーパイが my favorite dessert「ぼくの大好きなデザート」だと説明している **2** が正解です。

(18) 解答 3

訳　息子「ぼくの部屋を掃除したよ，お母さん」
母親「よくできたわ！　とてもいい感じね」
1　あなたは終わらなかったわね。
2　あなたはそれを買うことはできないわ。
3　とてもいい感じね。
4　それは別の部屋にあるわ。

解説　息子から自分の部屋を掃除したと聞いた母親は，Great job!「よくできたわ！」とほめています。この後に続く発話として適切なのは **3** の It looks really nice. で，looks really nice は「本当によく見える」，つまり「とてもいい感じに見える」ということです。

(19) 解答 2

訳　夫「紅茶を1杯飲むよ。君も飲む？」
妻「ううん，けっこうよ。紅茶を飲んだばかりなの」
1　座って。　　2　ううん，けっこうよ。
3　私はまったく持ってないわ。　4　それは私のものではないわ。

解説　Would you like one, too? の one は a cup of tea のことで，夫は妻に紅茶を飲むかどうかたずねています。妻は空所の後で I just had some tea.「紅茶を飲んだばかりなの」と言っているので，相手の申し出などを断る **2** の No, thanks. が正解です。

(20) 解答 1

訳　母親「テッド，今日はあなたをピアノのレッスンへ連れていけないわ」
息子「どうしてだめなの？」
母親「空港へおばあちゃんを迎えに行かなくちゃいけないの」
1　どうしてだめなの？　　2　何時？
3　よくやったね！　　4　すばらしい考えだね！

解説　最後の母親の I have to meet Grandma at the airport. が，I

can't take you to your piano lesson today の理由になっています。正解 **1** の Why not? は，直前の否定文を受けて「なぜだめなのか[そうではないのか]」と理由をたずねる表現です。

筆記 3 問題編 P40～41

(21) 解答 3

正しい語順 Mike (was talking with Kumi in) English.

解説 「～していました」は過去進行形〈be 動詞の過去形 (was / were) +動詞の～ing 形〉を使って，was talking とします。この後に，「久美と」の部分になる with Kumi を続けます。最後に，in を文末の English とつなげます。

(22) 解答 3

正しい語順 Mom, do (we have to clean our) house tomorrow?

解説 疑問文なので，〈do+主語+動詞の原形〉の語順にします。主語は，日本文には出ていない we です。動詞の部分は，「～しなければいけない」を意味する have to ～ に clean「～を掃除する」を続けます。clean の目的語となる「家」は「私たちの家」と考えて，our を house とつなげます。

(23) 解答 1

正しい語順 Today's (test was more difficult than) yesterday's test.

解説 主語は「今日のテスト」なので，文頭の Today's「今日の」に test をつなげます。その後に続く動詞は，be 動詞の過去形 was です。「～より難しい」は，difficult「難しい」を比較級にして more difficult than ～ とします。

(24) 解答 2

正しい語順 (You can choose a present from) this list.

解説 「あなたは～できます」という文なので，You can で始めます。can は助動詞で〈助動詞+動詞の原形〉の形になるので，can choose「～を選ぶことができる」とします。この後に，choose の目的語になる a present が続きます。最後に，from「～から」を文末の this list とつなげます。

(25) 解答 1

正しい語順 Carlos, (what language does your sister speak)?

解説 「何語」を「何の[どの]言語」と考えて，what language で始めます。疑問文なので，この後は〈does＋主語＋動詞の原形〉の語順になります。ここでの主語は your sister，動詞は speak です。

筆記 4A 問題編 P42～43

全訳

全生徒へ

今週，放課後にギターのコンサートがあります。

時：7 月 21 日金曜日，午後 3 時 30 分
場所：学校のカフェテリア

ギタークラブは 8 月に大きな音楽コンクールで演奏します。今回の金曜日のコンサートは，ギタークラブの部員たちにとっていい練習になるでしょう。彼らは 30 分間演奏します。来て楽しんでください！

(26) 解答 1

質問の訳 「7 月 21 日にコンサートはどこで行われますか」

選択肢の訳
1 学校のカフェテリアで。 2 ギタークラブの部室で。
3 コンサートホールで。 4 楽器店で。

解説 ギタークラブが July 21「7 月 21 日」に行うコンサートの場所は，掲示の Where の部分に School cafeteria と書かれているので，**1** が正解です。

(27) 解答 4

質問の訳 「ギタークラブの部員たちは 8 月に何をしますか」

選択肢の訳

1 何本かのギターを買う。
2 新しい先生といっしょに練習する。
3 音楽合宿に行く。
4 コンクールで演奏する。

解説

質問の in August「8月に」に注目します。ギタークラブの部員たちが8月に何をするかは，掲示の後半に The guitar club will play in a big music contest in August. と書かれています。music contest は「音楽コンクール」という意味です。

筆記 4B 問題編 P44〜45

全訳

差出人：ジョージア・スティール
受取人：サム・ハリソン
日付：6月19日
件名：理科の宿題

こんにちは，サム，

元気？　私は理科の宿題がわからなくて，少し不安なの。その宿題は金曜日の理科のテストに重要よね？　ブラックウェル先生が先週私たちにそう言っていたわ。私はテストのことを心配しているの。あなたはいつも理科でいい成績を取っているわ。火曜日の放課後に私の宿題を手伝ってくれない？

よろしくね，

ジョージア

差出人：サム・ハリソン
受取人：ジョージア・スティール
日付：6月20日
件名：もちろん

こんにちは，ジョージア，

ごめん，ぼくは火曜日の放課後に野球の練習があるんだ。でも，手伝ってあげたいと思ってるよ。水曜日の午後はどう？　そのときは時間があるんだ。自分でも勉強してみたほうがいいよ。いい本を知ってるんだ。たぶん，それは君の役に立つと思う。月曜日にそれを君のために学校に持っていくよ。
君の友だち,
サム

(28) 解答 2

質問の訳 「ジョージアの問題は何ですか」

選択肢の訳
1 彼女は理科のテストに合格しなかった。
2 彼女は理科の宿題がわからない。
3 彼女は理科で悪い成績を取った。
4 彼女はサムの宿題を手伝うことができない。

解説 Georgia's problem「ジョージアの問題」は何かという質問です。ジョージアは最初のEメールの2文目で，I'm a little nervous because I don't understand our science homework. と書いています。ここでの nervous は「不安な，心配して」という意味です。

(29) 解答 4

質問の訳 「理科のテストはいつですか」

選択肢の訳 1 月曜日に。 2 火曜日に。 3 水曜日に。 4 金曜日に。

解説 the science test「理科のテスト」については，最初のEメールの3文目に，The homework is important for our science test on Friday, right? と書かれています。our science test on Friday「金曜日の理科のテスト」から，**4** が正解です。

(30) 解答 3

質問の訳 「サムはジョージアに何と言っていますか」

選択肢の訳
1 彼女は先生と話したほうがいい。
2 彼女は別の友だちに助けを求めたほうがいい。
3 彼女は自分で勉強したほうがいい。
4 彼女は本を学校に持ってきたほうがいい。

解説 サムが書いた2番目のEメールの内容に合う選択肢はどれかを考えます。5文目の You should try to study by yourself, too. から，**3** が正解です。try to ～ は「～してみる，しようと努力する」，by *oneself* は「自分（自身）で，自力で」という意味です。

筆記 4C 問題編 P46〜47

全訳

新しいペット

アニーはアイルランドのダブリンに住んでいます。彼女は高校生です。先月，アニーは新しいアルバイトを始めました。彼女は動物が大好きなので，犬を散歩させる仕事を得ました。毎週水曜日と金曜日の放課後に，1日約2時間犬を散歩させます。

先週のある日，アニーは仕事の後に歩いて帰宅していて，道で子猫を見かけました。その子猫はとても小さくて白色でした。子猫がひとりぼっちでアニーは心配だったので，彼女は子猫を抱き上げて家に連れていきました。アニーは母親に子猫を見せました。母親は，「私たちは飼い主を探してみないといけないわね」と言いました。

先週末，アニーと母親は子猫の飼い主を探しました。彼女たちは多くの人に話しかけましたが，だれもその子猫のことを知りませんでした。日曜日の午後に，アニーの母親は「いいわ，私たちが子猫を飼えるわ」と言って，アニーはとてもうれしかったです。彼女たちは子猫に「ルナ」という名前をつけ，そしてアニーは新しいペットが大好きです。

(31) 解答 3

質問の訳 「アニーは先月何をしましたか」

選択肢の訳
1 彼女はボランティアに会った。
2 彼女は新しいペットを買った。
3 彼女は新しい仕事を始めた。
4 彼女は新しい友だちができた。

解説 アニーが last month「先月」に何をしたかは，第1段落の3文目に，Last month, Annie started a new part-time job. と書かれています。part-time job は「アルバイト」という意味で，正解の**3**では part-time が省かれています。

(32) 解答 1

質問の訳 「アニーはいつ犬を散歩させますか」

選択肢の訳
1 毎週水曜日と金曜日に。 2 毎週土曜日の午前に。
3 休暇中に。 4 毎週日曜日の午後に。

解説 walk dogs は「犬を散歩させる」という意味です。アニーがいつ犬を散歩させるかは，第1段落の5文目に She walks dogs after school on Wednesdays and Fridays for about two hours each day. と書かれているので，これを短くまとめた **1** が正解です。

(33) 解答 3

質問の訳 「アニーは先週，何を見つけましたか」

選択肢の訳
1 教科書。 2 大きな犬。
3 白い子猫。 4 新しいおもちゃ。

解説 第2段落の1文目に One day last week, Annie was …, and she saw a kitten on the street. とあり，アニーが見かけたその子猫について，次の2文目で The kitten was very small and white. と説明しています。この2つの文から，**3** が正解です。

(34) 解答 3

質問の訳 「アニーとアニーの母親は」

選択肢の訳
1 子猫におもちゃを買った。
2 子猫を獣医に連れていった。
3 子猫の飼い主を探した。
4 子猫に関するポスターを作った。

解説 アニーが母親といっしょにしたことは，第3段落の1文目に，Last weekend, Annie and her mother looked for the kitten's owner. と書かれています。look for ～ は「～を探す」という意味です。

(35) 解答 2

質問の訳 「アニーはなぜうれしかったのですか」

選択肢の訳
1 彼女は子猫の母親と遊んだ。

23年度第1回 筆記

2 彼女は子猫を飼うことができた。

3 彼女は学校でクラブに入った。

4 彼女は先生を手伝った。

解説 第3段落の3文目の最後の部分に ... and Annie was very happy. とあり，その理由はその前の部分に書かれている On Sunday afternoon, Annie's mother said, "OK, we can keep the kitten," です。ここでの keep は「～を飼う」という意味です。

リスニング 第1部 問題編 P48～50

[例題] 解答 3

放送文 ★：Hi, my name is Yuta.

☆：Hi, I'm Kate.

★：Do you live near here?

1 I'll be there. 2 That's it.

3 Yes, I do.

放送文の訳 ★：「やあ，ぼくの名前はユウタだよ」

☆：「こんにちは，私はケイトよ」

★：「君はこの近くに住んでいるの？」

1 私はそこへ行くわ。 2 それだけよ。

3 ええ，そうよ。

No. 1 解答 1

放送文 ☆：What do you want for breakfast?

★：Eggs.

☆：Would you like cheese on them?

1 Yes, please.

2 No, I don't like eggs.

3 They're not mine.

放送文の訳 ☆：「朝食に何を食べたい？」

★：「卵」
☆：「その上にチーズをのせるのはどう？」

1　うん，お願い。

2　ううん，ぼくは卵が好きじゃないんだ。

3　それらはぼくのものではないよ。

解説　Would you like ～? は「～はいかがですか」という意味です。them は eggs を指していて，女性は男の子に卵の上に cheese「チーズ」をのせたいかどうかたずねています。この質問に，Yes, please.「うん，お願い」と答えている **1** が正解です。

No.2　解答 3

放送文 ★：Mrs. Jennings?
☆：What is it, Kenta?
★：I don't have a pencil.

1　It's green.

2　I need a pen.

3　Here, use this one.

放送文の訳 ★：「ジェニングス先生」
☆：「何ですか，ケンタ？」
★：「ぼくは鉛筆を持っていません」

1　それは緑色よ。

2　私はペンが必要なの。

3　はい，この鉛筆を使いなさい。

解説　ケンタは I don't have a pencil. と鉛筆を持っていないことを伝えているので，先生の応答としては use this one と this one（= pencil）を使うように言っている **3** が正解です。Here「はい（どうぞ）」は相手に何かを差し出すときなどに使う表現です。

No.3　解答 3

放送文 ☆：That was a difficult test.
★：Yeah.
☆：Could you answer the last question?

1　No, it's after music.

2 No, it's in my locker.

3 No, it was too hard.

放送文の訳 ☆：「あれは難しいテストだったわ」

★：「そうだね」

☆：「あなたは最後の問題に答えられた？」

1 ううん，それは音楽の後だよ。

2 ううん，それはぼくのロッカーの中にあるよ。

3 ううん，それは難しすぎたよ。

解 説 女の子の Could you answer the last question? は，テストの最後の問題に答えられたかどうかを男の子にたずねているので，No の後にその問題が too hard「難しすぎる」と言っている **3** が正解です。too ～ は「～すぎる，あまりに～」という意味です。

No. 4 解答 ②

放送文 ☆：Did you have a good vacation?

★：Yeah, it was great.

☆：Where did you go?

1 For two weeks.

2 To the mountains.

3 With my family.

放送文の訳 ☆：「いい休暇を過ごした？」

★：「そうだね，とてもすばらしかったよ」

☆：「どこへ行ったの？」

1 2週間だよ。

2 山へだよ。

3 ぼくの家族といっしょにだよ。

解 説 男性が過ごした vacation「休暇」が話題です。最後の女性の質問は Where「どこへ」で始まっていて，男性が休暇中に行った場所をたずねています。To「～へ」で始めて the mountains「山」へ行ったことを伝えている **2** が正解です。

No. 5 解答 ①

放送文 ★：It's hot in here.

☆：Yeah, I'm thirsty.

★：Me, too.

1 Let's take a break.

2 You finished your homework.

3 We'll find your pen.

放送文の訳 ★：「この中は暑いね」

☆：「そうね，私はのどが渇いているわ」

★：「ぼくもだよ」

1 休憩しましょう。

2 あなたは宿題が終わったのね。

3 私たちはあなたのペンを見つけるわ。

解説 女の子の I'm thirsty「私はのどが渇いているわ」の後に，男の子は Me, too.「ぼくもだよ」と言っています。2人ともものどが渇いているという状況から，Let's ～「～しましょう」で始めて take a break「休憩する」ことを提案している **1** が正解です。

No.6 解答 1

放送文 ☆：Those shoes are cool!

★：Thank you. They're basketball shoes.

☆：When did you buy them?

1 Last weekend.

2 My favorite sport.

3 Only $50.

放送文の訳 ☆：「そのくつはかっこいいわね！」

★：「ありがとう。バスケットボールシューズなんだ」

☆：「いつそれを買ったの？」

1 先週末だよ。

2 ぼくの大好きなスポーツだよ。

3 たったの 50 ドルだよ。

解説 男の子がはいている basketball shoes「バスケットボールシューズ」が話題です。女の子の質問は When「いつ」で始まっていて，男の子がいつバスケットボールシューズを買ったのかをたずねています。時を答えているのは，**1** の Last weekend.「先週末」だけです。

No.7 解答 2

放送文 ★：Are you going to the park, Lisa?

☆：Yes, Dad. See you later.

★：Did you finish your homework?

1 Yes, I saw you there.

2 Yes, I did it this morning.

3 Yes, it's open today.

放送文の訳 ★：「公園へ行くのかい，リサ？」

☆：「うん，お父さん。また後でね」

★：「宿題は終わったの？」

1 うん，私はそこでお父さんを見かけたわ。

2 うん，今朝それをしたの。

3 うん，それは今日営業しているわ。

解説 父親の Did you finish your homework? は homework「宿題」が終わったかという質問なので，Yes の後にいつ宿題をしたかを言っている **2** が正解です。it は my homework のことで，this morning は「今朝」という意味です。

No.8 解答 2

放送文 ★：Are you hungry?

☆：A little.

★：Have some cookies. I made them this afternoon.

1 I know that shop.

2 They look delicious.

3 It's in my lunch box.

放送文の訳 ★：「お腹はすいてる？」

☆：「少し」

★：「クッキーを食べて。今日の午後に作ったんだ」

1 私はその店を知ってるわ。

2 とてもおいしそうね。

3 それは私のお弁当箱の中にあるわ。

解説 男の子は女の子に cookies「クッキー」をすすめた後，I made them this afternoon. とクッキーを今日の午後に作ったと言っています。これに対する適切な応答になっているのは **2** で，look は「～のように見える」，delicious は「とてもおいしい」という意味です。

No.9 解答 2

放送文 ☆：Did you enjoy your summer vacation?

★：Yes!　I went to England.

☆：Great.　How long did you stay there?

1　With my brother.

2　For one week.

3　In London.

放送文の訳 ☆：「夏休みは楽しかった？」

★：「うん！　イングランドへ行ったんだ」

☆：「すごいわね。どれくらいの期間そこに滞在したの？」

1　ぼくの兄[弟]といっしょにだよ。

2　1 週間だよ。

3　ロンドンでだよ。

解説 ここでの How long ～? は「どれくらいの期間～？」という意味で，女性は男性にイングランドでの滞在期間をたずねています。期間を答えている選択肢は **2** で，For ～ は期間を表して「～の間」という意味で使われています。

No.10 解答 3

放送文 ★：I'm so late!　I'm sorry!

☆：That's OK.　Did you walk?

★：Yes.　How did you come here?

1　Not bad.

2　About 10 minutes.

3　By bus.

放送文の訳 ★：「すごく遅くなっちゃった！　ごめん！」

☆：「だいじょうぶよ。あなたは歩いてきたの？」

★：「うん。君はどうやってここへ来たの？」

1　悪くないわ。

2　約 10 分よ。

3　バスでよ。

解説　How did you come here? の How は「どのようにして」という意味で，男性は女性にここまでどういう方法で来たかをたずねています。〈by＋交通手段〉「～で」を使って，バスで来たことを伝えている **3** が正解です。

リスニング　第2部　問題編 P50～51　▶MP3 ▶アプリ ▶CD 1 45～55

No. 11 解答 2

放送文 ☆：I'm home, Dad.

★：It's raining. Where's your umbrella, Jill?

☆：It's at school.

★：OK. I'll get a towel for you.

Question: Where is Jill's umbrella?

放送文の訳 ☆：「ただいま，お父さん」

★：「雨が降っているね。かさはどこにあるの，ジル？」

☆：「それは学校にあるわ」

★：「そうか。君にタオルを取ってきてあげるよ」

質問の訳　「ジルのかさはどこにありますか」

選択肢の訳
1　バス停に。　2　学校に。
3　彼女の部屋に。　4　浴室に。

解説　父親の Where's your umbrella, Jill? はジルのかさがどこにあるかをたずねる質問で，これにジルは It's at school. と答えているので，**2** が正解です。It はジルのかさのことです。

No. 12 解答 4

放送文 ☆：There's a new student in my class.

★：I know. She joined the school band.

☆：Really?

★：Yeah. She's a trumpet player.

Question: What are they talking about?

放送文の訳 ☆：「私のクラスに新入生がいるの」

★：「知ってるよ。彼女は学校のバンドに入ったんだ」

☆：「本当？」

★：「そうだよ。彼女はトランペット奏者なんだ」

質問の訳 「彼らは何について話していますか」

選択肢の訳 **1** 男の子の新しいトランペット。

2 学園祭。

3 コンサート。

4 新入生。

解説 女の子の There's a new student in my class. から，彼女のクラスにいる a new student「新入生」が話題だとわかります。There's は There is の短縮形で，「～がいる[ある]」という意味です。対話中の She は，a new student を指しています。

No. 13 解答 ④

放送文 ☆：Are you cold, Johnny?

★：Yes, I am.

☆：You should put on a sweater.

★：I will, Mom.

Question: What will Johnny do?

放送文の訳 ☆：「寒いの，ジョニー？」

★：「うん，寒いよ」

☆：「セーターを着たほうがいいわ」

★：「そうするよ，お母さん」

質問の訳 「ジョニーは何をしますか」

選択肢の訳 **1** 窓を開ける。 **2** 天気を確認する。

3 冷たい飲み物を飲む。 **4** セーターを着る。

解説 put on ～ は「～を着る」という意味です。母親の You should put on a sweater. に対して，ジョニーは I will, Mom. と答えています。この I will は I will put on a sweater を意味するので，

4が正解です。

No. 14 解答 1

放送文 ☆：Excuse me, is there a convenience store near here?

★：Yes, there's one next to the library.

☆：Where's that?

★：On Maple Street.

Question: What is the woman looking for?

放送文の訳 ☆：「すみません，この近くにコンビニエンスストアはありますか」

★：「はい，図書館のとなりに1店あります」

☆：「それはどこですか」

★：「メープル通りにあります」

質問の訳 「女性は何を探していますか」

選択肢の訳 1 コンビニエンスストア。 2 デパート。

3 彼女の本。 4 彼女の図書館カード。

解説 女性は Excuse me, is there a convenience store near here? と，この近くに a convenience store「コンビニエンスストア」があるかどうかをたずねているので，**1**が正解です。next to ～は「～のとなりに」という意味です。

No. 15 解答 3

放送文 ☆：Let's play cards, Grandpa.

★：No. I want to sleep a little.

☆：Can I go outside, then?

★：OK, but be careful.

Question: What will the girl do next?

放送文の訳 ☆：「トランプをしようよ，おじいちゃん」

★：「ううん。少し寝たいんだ」

☆：「それじゃ，外に行ってもいい？」

★：「いいよ，でも気をつけてね」

質問の訳 「女の子は次に何をしますか」

選択肢の訳 1 寝る。 2 トランプをする。

3 外出する。 4 家に帰る。

解説 女の子の Can I go outside, then? に Grandpa「おじいちゃん」は OK と答えているので，**3** が正解です。go outside は「外へ行く，外出する」という意味です。then「それなら」は，おじいちゃんと play cards「トランプをする」ことができないのなら，ということです。

No.16 解答 4

放送文 ☆：Where's the bus? It usually comes at 7:15.
★：It's 7:30 now. We'll be late for school.
☆：Let's wait 10 more minutes.
★：OK.
Question: What time is it now?

放送文の訳 ☆：「バスはどこかしら。普段は 7 時 15 分に来るわ」
★：「もう 7 時 30 分だよ。ぼくたちは学校に遅刻しちゃうよ」
☆：「もう 10 分待ちましょう」
★：「わかった」

質問の訳 「今何時ですか」

選択肢の訳
1 7時。　2 7時10分。
3 7時15分。　4 7時30分。

解説 男の子の It's 7:30 now. から，**4** が正解です。時刻の 7:30 は seven thirty と読みます。**3** の 7:15（seven fifteen）は，バスが普段来る時刻なので，これを選ばないように注意します。

No.17 解答 2

放送文 ★：That's a nice notebook! I like the picture of a bike on it.
☆：Thanks. I want to use it now, but I forgot my pencil.
★：You can borrow mine.
☆：Thanks!
Question: What will the girl borrow?

放送文の訳 ★：「それはすてきなノートだね！　そこに載っている自転車の絵がいいね」
☆：「ありがとう。今使いたいんだけど，鉛筆を忘れちゃったわ」
★：「ぼくのを借りていいよ」

☆：「ありがとう！」

質問の訳　「女の子は何を借りますか」

選択肢の訳　1　ノート。　2　鉛筆。　3　カメラ。　4　自転車。

解説　forgot は forget「〜を忘れる」の過去形です。女の子は ... but I forgot my pencil. と鉛筆を忘れたことを伝え，それを聞いた男の子は You can borrow mine. と言っています。borrow は「〜を借りる」という意味で，ここでの mine「ぼくのもの」は my pencil のことです。

No. 18 解答 1

放送文 ☆：What's wrong, Jimmy?

★：I broke my tennis racket.

☆：Did that happen at tennis practice?

★：Yes, an hour ago.

Question: What is Jimmy's problem?

放送文の訳 ☆：「どうしたの，ジミー？」

★：「ぼくは自分のテニスラケットを壊しちゃったんだ」

☆：「テニスの練習でそうなったの？」

★：「うん，1時間前に」

質問の訳　「ジミーの問題は何ですか」

選択肢の訳
1　彼は自分のテニスラケットを壊した。
2　彼は自分のテニスラケットを忘れた。
3　彼はテニスの試合で負けた。
4　彼はテニスの練習に遅刻した。

解説　What's wrong? は「どうしたの？」，「何があったの？」という意味で，困った様子などをしている人にその理由をたずねる表現です。これにジミーは I broke my tennis racket. と答えているので，**1** が正解です。broke は break「〜を壊す」の過去形です。

No. 19 解答 3

放送文 ★：Will you go to the festival this weekend?

☆：Yes, on Saturday, but I have to study on Sunday.

★：Why?

☆：I have a test on Monday.

Question: When will the girl go to the festival?

放送文の訳 ★：「今週末にお祭りへ行くの？」

☆：「ええ，土曜日に，でも日曜日は勉強しなくちゃいけないわ」

★：「どうして？」

☆：「月曜日にテストがあるの」

質問の訳 「女の子はいつお祭りに行きますか」

選択肢の訳 1 月曜日に。 2 金曜日に。 3 土曜日に。 4 日曜日に。

解説 男の子の Will you go to the festival this weekend? に，女の子は Yes, on Saturday と答えているので，**3** が正解です。I have to study on Sunday や I have a test on Monday. を聞いて **4** や **1** を選ばないように気をつけましょう。

No. 20 解答 1

放送文 ★：What time do you leave your house for school?

☆：Usually around 8:15.

★：Wow! That's late. I leave at 7:45.

☆：Well, my sister leaves at 7:30.

Question: Who leaves for school at 7:45?

放送文の訳 ★：「学校へは何時に家を出るの？」

☆：「普段は 8 時 15 分頃よ」

★：「うわー！ それは遅いね。ぼくは 7 時 45 分に出るよ」

☆：「そうね，私の姉[妹]は 7 時 30 分に出るわ」

質問の訳 「だれが 7 時 45 分に学校へ出かけますか」

選択肢の訳
1 男の子。 2 男の子の姉[妹]。
3 女の子。 4 女の子の姉[妹]。

解説 leave ～ for ... は「…へ向けて～を出発する」という意味で，何時に家を出て学校へ行くかが話題です。I leave at 7:45. と言っているのは男の子なので，**1** が正解です。女の子の around 8:15 や，女の子の姉[妹]の at 7:30 と混同しないように注意します。

No.21 解答 4

放送文 Thank you for shopping at Jackson's. Today, all bicycles are 20 percent off. We'll also check bike tires for free.
Question: Where is the man talking?

放送文の訳 「ジャクソンズでお買い物をしていただき，ありがとうございます。本日，すべての自転車が 20 パーセント引きです。さらに自転車のタイヤを無料で点検いたします」

質問の訳 「男性はどこで話していますか」

選択肢の訳
1 空港で。 2 レストランで。
3 駅で。 4 店で。

解説 最初の Thank you for shopping at ～「～でお買い物をしていただき，ありがとうございます」から，店内放送だと予想できます。また，all bicycles「すべての自転車」や check bike tires「自転車のタイヤを点検する」などから，男性は自転車店で話していることがわかります。

No.22 解答 1

放送文 My dad usually gives me money or a DVD for my birthday. This year, he gave me a beautiful dress. I was really surprised.
Question: Why was the girl surprised?

放送文の訳 「私の父は私の誕生日に，たいていお金か DVD をくれます。今年，父は私に美しいドレスをくれました。私は本当に驚きました」

質問の訳 「女の子はなぜ驚いたのですか」

選択肢の訳
1 彼女の父親が彼女にドレスをあげた。
2 彼女の父親が DVD を見た。
3 彼女の父親がお金を見つけた。
4 彼女の父親が彼女の誕生日を忘れた。

解説 最後の I was really surprised. の理由は，その前の文の This

year, he gave me a beautiful dress. で説明されています。gave は give の過去形で，〈give＋(人)＋(物)〉「(人) に (物) をあげる」の形で使われています。

No. 23 解答 4

放送文　Bob usually rides his bike to school. But today it was raining, so he walked. After school, he took the bus home.

Question: How did Bob go to school today?

放送文の訳　**「ボブは普段，自転車に乗って学校へ行きます。でも今日は雨が降っていたので，彼は歩きました。学校が終わった後，彼はバスに乗って家に帰りました」**

質問の訳　**「ボブは今日，どうやって学校へ行きましたか」**

選択肢の訳　**1** 彼はバスに乗った。　**2** 彼は電車に乗った。
3 彼は自転車に乗った。　**4** 彼は歩いた。

解　説　Bob usually ～. But today …「ボブは普段～。でも今日は…」の流れに注意します。質問では今日のことについてたずねているので，But today it was raining, so he walked. から **4** が正解です。**1** の bus は，ボブが家に帰るときに使った交通手段です。

No. 24 解答 1

放送文　I like to draw pictures. Next month, I'll enter an art contest. I want to win a prize.

Question: What will the girl do next month?

放送文の訳　**「私は絵を描くことが好きです。来月，美術コンテストに参加します。私は賞を取りたいと思っています」**

質問の訳　**「女の子は来月何をしますか」**

選択肢の訳　**1** 美術コンテストに参加する。　**2** 絵を見る。
3 プレゼントをもらう。　**4** 鉛筆を買う。

解　説　質問の next month「来月」に注意して，Next month, I'll enter an art contest. を確実に聞き取るようにします。enter は「～に参加する，出場する」，win a prize は「賞を取る」という意味です。

No.25 解答 1

放送文 Cooking is fun. I'm in the cooking club at school. This Saturday, I'll cook dinner for my family.

Question: What will the boy do this Saturday?

放送文の訳 「料理を作るのは楽しいです。ぼくは学校で料理クラブに入っています。今週の土曜日，ぼくは家族に夕食を作ります」

質問の訳 「男の子は今週の土曜日に何をしますか」

選択肢の訳 1 夕食を作る。 2 料理の本を書く。
3 レストランで食事する。 4 料理教室へ行く。

解 説 男の子が this Saturday「今週の土曜日」に何をするかは，This Saturday, I'll cook dinner for my family. から判断します。I'll は I will の短縮形です。

No.26 解答 4

放送文 I'm in a band with my friends. Matt and Alice both play the guitar, and Ed plays the piano. Olivia and I are the singers. Our band practices are really fun.

Question: Who plays the piano?

放送文の訳 「私は友だちといっしょにバンドをやっています。マットとアリスは2人ともギターを弾いて，エドはピアノを弾きます。オリビアと私は歌い手です。私たちのバンド練習はとても楽しいです」

質問の訳 「だれがピアノを弾きますか」

選択肢の訳 1 マット。 2 オリビア。 3 アリス。 4 エド。

解 説 女性が参加している band「バンド」について話しています。Matt and Alice → guitar，Ed → piano，Olivia and I → singers のように，人物名とバンドでの役割を結びつけて聞くようにします。質問ではだれがピアノを弾くかをたずねているので，**4** が正解です。

No.27 解答 2

放送文 My husband and I will visit Los Angeles this weekend. On Saturday, he'll go shopping, and I'll go to the beach. On Sunday, we'll go to a museum together.

Question: Where will the woman go on Saturday?

放送文の訳　「私の夫と私は今週末，ロサンゼルスを訪れます。土曜日に，夫は買い物に行き，私はビーチへ行きます。日曜日に，私たちはいっしょに博物館へ行きます」

質問の訳　「女性は土曜日にどこへ行きますか」

選択肢の訳　1 博物館へ。　2 ビーチへ。　3 ショッピングモールへ。　4 図書館へ。

解説　質問では，女性の Saturday「土曜日」の予定についてたずねていることに注意します。On Saturday, … and I'll go to the beach. から，**2** が正解です。**1** の museum「博物館」へは Sunday「日曜日」に夫といっしょに行くと言っています。

No. 28 解答 1

放送文　I often help my parents. I give milk to our cat every day, and I cook dinner twice a week. I also clean the bathroom once a week.

Question: How often does the boy clean the bathroom?

放送文の訳　「ぼくはよく両親の手伝いをします。ぼくは毎日猫にミルクをあげて，週に 2 回夕食を作ります。週に 1 回，浴室の掃除もします」

質問の訳　「男の子はどれくらいの頻度で浴室を掃除しますか」

選択肢の訳　1 週に 1 回。　2 週に 2 回。　3 週に 3 回。　4 毎日。

解説　質問の How often ～? は頻度をたずねる表現です。男の子が bathroom「浴室」を掃除する頻度については，最後の I also clean the bathroom once a week. から，**1** が正解です。once a week は「週に 1 回」という意味です。

No. 29 解答 2

放送文　Last weekend, my son and I went to a flower festival. We saw many beautiful roses, and we took pictures of them. We had a good time together.

Question: What did the woman do last weekend?

放送文の訳　「先週末，私の息子と私は花祭りへ行きました。私たちはたくさんのきれいなバラを見て，その写真を撮りました。私たちはいっしょに楽しい時間を過ごしました」

質問の訳　「女性は先週末に何をしましたか」

選択肢の訳
1 彼女は息子の写真を撮った。
2 彼女は花祭りへ行った。
3 彼女は美術の授業を受けた。
4 彼女はカメラを買った。

解説　女性が last weekend「先週末」に何をしたかは，1文目の Last weekend, my son and I went to a flower festival. で説明されています。we took pictures of them の them は，その前に出てきた many beautiful roses「たくさんのきれいなバラ」を指しています。

No. 30 解答 3

放送文　After school, Andy walked to a bookstore. He bought a new comic book. He also looked at the calendars and dictionaries.

Question: What did Andy buy?

放送文の訳　「放課後，アンディーは歩いて書店へ行きました。彼は新刊のマンガ本を買いました。カレンダーと辞書も見ました」

質問の訳　「アンディーは何を買いましたか」

選択肢の訳
1 教科書。　2 カレンダー。
3 マンガ本。　4 辞書。

解説　アンディーが何を買ったかは，2文目の He bought a new comic book. で述べられています。bought は buy の過去形です。He also looked at ～「彼は～も見た」以降にある calendars「カレンダー」や dictionaries「辞書」を聞いて，**2** や **4** を選ばないように注意しましょう。

2022-3

解答一覧

筆記

1	(1)	3	(6)	2	(11)	3
	(2)	1	(7)	4	(12)	4
	(3)	2	(8)	3	(13)	1
	(4)	4	(9)	1	(14)	3
	(5)	1	(10)	2	(15)	2
2	(16)	2	(18)	3	(20)	3
	(17)	1	(19)	4		
3	(21)	4	(23)	2	(25)	1
	(22)	2	(24)	4		
4 A	(26)	3	4 B		(28)	4
	(27)	1			(29)	1
					(30)	2
4 C	(31)	1	(33)	2	(35)	3
	(32)	4	(34)	2		

リスニング

第1部	No. 1	1	No. 5	3	No. 9	1
	No. 2	1	No. 6	3	No.10	2
	No. 3	3	No. 7	2		
	No. 4	2	No. 8	1		
第2部	No.11	4	No.15	2	No.19	1
	No.12	3	No.16	1	No.20	4
	No.13	2	No.17	4		
	No.14	1	No.18	3		
第3部	No.21	3	No.25	2	No.29	1
	No.22	1	No.26	2	No.30	4
	No.23	3	No.27	2		
	No.24	1	No.28	1		

筆記 1 問題編 P54～55

(1) 解答 3

訳 「ジョンがまた宿題をし忘れたので，ジョンの先生は怒っていました」

1 金持ちの　2 簡単な　3 怒って　4 用意ができて

解説 John's teacher was (　) の理由が because 以下です。forgot は forget の過去形で，forget to ～ は「～し忘れる」という意味です。ジョンがまた homework「宿題」をし忘れたという状況から，angry「怒って」が正解です。

(2) 解答 1

訳 「ニューヨークにはたくさんの有名な美術館があるので，私はいつかそこを訪れたいと思っています」

1 美術館　2 ドア　3 タオル　4 プール

解説 空所の前にある art「美術，芸術」とのつながりと，I want to visit there から訪れたい場所だと判断して，museum「博物館，(art museum で) 美術館」の複数形 museums を選びます。famous は「有名な」，someday は「いつか」という意味です。

(3) 解答 2

訳 「私の母と父は高校で初めて出会いました」

1 見つけた　2 出会った　3 買った　4 置いた

解説 主語が My mother and father の2人で，空所の後に in high school「高校で」が続いている流れから，meet「出会う」の過去形 met が正解です。**1**，**3**，**4** はそれぞれ find，buy，put の過去形です。

(4) 解答 4

訳 「市の図書館は週末にとてもにぎわっています。そこにはたくさんの興味深い本があります」

1 体育館　2 山　3 庭園　4 図書館

解説 2文目の主語 It は，1文目の主語である The city (　　) を指しています。そこには many interesting books「たくさんの興味深い本」があるということから，library「図書館」が正解です。busy は「にぎわっている」という意味で使われています。

(5) 解答 1

訳 「タケルはよく他国へ旅行するので，言語を学ぶことは彼にとって役に立ちます」

1 役に立つ　2 寒い　3 いっぱいの　4 きれいな

解説 learning は learn「～を学ぶ」に名詞の働きを持たせた形で，Learning languages「言語を学ぶこと」が主語になっています。この主語とのつながりから，useful「役に立つ」が正解です。other countries は「他国，外国」という意味です。

(6) 解答 2

訳 A「自己紹介をするね。ぼくの名前はジェフで，オーストラリア出身だよ」

B「やあ，ジェフ。ぼくはマーティンだよ」

1 走る　2 紹介する　3 たずねる　4 聞く

解説 A は2文目で，My name is Jeff, and I'm from Australia. と自己紹介をしています。正解 **2** の introduce は「～を紹介する」という意味で，introduce myself は「自分自身を紹介する」，つまり「自己紹介をする」ということです。

(7) 解答 4

訳 「日本の多くの寺には長い歴史があります」

1 森　2 時間　3 国　4 歴史

解説 temples は temple「寺」の複数形です。主語が Many temples in Japan であることと，空所の前にある have a long ～「長い～がある」とのつながりから，history「歴史」が入ります。

(8) 解答 3

訳 A「急いで，お父さん！　映画がすぐに始まるよ」

B「わかった」

1 切る　　2 見つける

3 （hurry up で）急ぐ　　4 読む

解説 空所の後にある up とのつながりと，映画がすぐに始まるという状況から，hurry up「急ぐ」という表現にします。ここでは，Hurry up「急いで」という命令文になっています。

(9) 解答 1

訳 A「さあ，行こう。バスに乗り遅れちゃうよ。バスは 5 分後に出発するんだよ」

B「わかった」

1 （be late for ～ で）～に遅れる

2 速い

3 喜んで

4 確信して

解説 空所の前後にある be と for とのつながりと，for の後に the bus が続いていることから，be late for ～「～に（乗り）遅れる」という表現にします。leave は「出発する」，in ～ minutes は「～分後に」という意味です。

(10) 解答 2

訳 「ダンは車を持っていないので，空港まで電車に乗って行きます」

1 到着する

2 （take a train で）電車に乗って行く

3 眠る

4 閉める

解説 空所の後の a train とつながる動詞は take で，take a train で「電車に乗る[乗って行く]」という意味の表現になります。この後に to ～ を続けて，電車に乗ってどこへ行くかを表すことができます。

(11) 解答 3

訳 「パーティーで，シェリーは何人かの新しい友だちができました。彼女たちは週末に映画を見に行く予定です」

1 言った

2　料理した

3　(made friends で) 友だちができた

4　忘れた

解説　空所の後の some new friends に注目して，make の過去形 made を入れます。make friends は「友だちになる，友だちができる」という意味で，ここでは made some new friends「何人かの新しい友だちができた」という表現になっています。

(12) 解答 4

訳　A「週末はバンクーバーにいるの？」

B「うん，ぼくたちはぼくの友だちの家に泊まるんだ」

1　～として　　2　～へ

3　～の上に　　4　(stay at ～ で) ～に泊まる

解説　空所の前の stay「滞在する」とつながる前置詞は at で，stay at ～ は「～に泊まる，滞在する」という意味の表現です。place は *one's* place の形で用いられると「～の家」という意味になります。

(13) 解答 1

訳　A「あなたの学校では野球とサッカーのどちらのスポーツがより人気があるの？」

B「野球だよ」

1　どちらの　2　だれの　3　どこで　4　だれが

解説　A の疑問文の最後に baseball or soccer「野球かサッカー」があるので，どちらの sport「スポーツ」がより人気があるかをたずねていると予想できます。〈Which＋名詞〉の形で「どちらの～」という意味になります。

(14) 解答 3

訳　「ケイコは彼女のクラスメートよりも速く泳ぐことができます」

1　～のために　2　そして　3　～よりも　4　～だから

解説　空所の前に，副詞 fast「速く」の比較級 faster があることに注目して，〈比較級＋than ～〉「～よりも…」の形にします。classmates は classmate「クラスメート」の複数形です。

(15) 解答 2

訳　「ベンが昨日電車で家へ帰ろうとしていたとき，彼は旧友に会いました」

解説　When で始まる節の主語は3人称単数の Ben で，yesterday「昨日」のことを表しているので，is の過去形である was が正解です。問題文では，was going home「家へ帰ろうとしていた」という過去進行形が使われています。**3** の were は are の過去形です。

筆記 2

問題編 P56～57

(16) 解答 2

訳　男の子「今日の理科の宿題は難しいよ」
女の子「そうね。いっしょに宿題をしたい？」
男の子「うん，そうしよう」

1　それはあなたのものなの？　**2**　いっしょにそれをしたい？
3　多くの生徒がいるの？　**4**　先生は見つかった？

解説　Today's science homework「今日の理科の宿題」が話題です。男の子が最後に Yes, let's.「うん，そうしよう」と言っているので，いっしょに宿題をしたいかどうかたずねている **2** が正解です。do it「それをする」は「宿題をする」ということです。

(17) 解答 1

訳　男の子「虹が出ているよ！」
女の子「うわー，とてもきれいだわ。写真を撮りましょう」

1　それはとてもきれいだわ。
2　私はそれが見えないわ。
3　私は新しいものを手に入れたわ。
4　それはここにはないわ。

解説　There's は There is「～がある」の短縮形で，男の子は rainbow「虹」が出ていることを女の子に伝えています。この会話の流れと，女の子の Let’s take a picture. とのつながりから，虹が pretty「きれいだ，美しい」と言っている **1** が正解です。

(18) 解答 3

訳 **男の子 1「昨夜君に電話したけど，家にいなかったね。どこにいたの？」**
男の子 2「野球の試合を見に行ったんだ」
1 ぼくはスポーツが好きじゃないよ。
2 それはぼくの電話じゃなかったよ。
3 君は家にいなかったね。
4 君はぼくのバットをなくしたね。

解説 I called you last night, but ...「昨夜君に電話したけど～」に続く発話であることと，Where were you? とどこにいたかをたずねていることから，男の子 2 が家にいなかったと言っている **3** が正解です。weren’t は were not の短縮形で，were は are の過去形です。

(19) 解答 4

訳 **息子「スパゲティがとてもおいしかったよ。ありがとう，お母さん」**
母親「どういたしまして。まだお腹がすいてるの？」
息子「ううん，お腹いっぱいだよ」
1 それを食べてみてもいい？　2 あなたがそれを作ったの？
3 それは台所にあるの？　4 まだお腹がすいてるの？

解説 息子が最後に No, I’m full.「ううん，お腹いっぱいだよ」と答えていることに注目します。これにつながる質問は **4** の Are you still hungry? で，still は「まだ」，hungry は「お腹がすいて」という意味です。

(20) 解答 3

訳 **男性 1「マーク，今何時？」**
男性 2「4 時 30 分だよ」
男性 1「あっ，ぼくたちはもう行かないと。会議の時間だよ」
1 ぼくはそこにいなかったよ。

2　ぼくは彼の名前を知らないよ。

3　ぼくたちはもう行かなければならないよ。

4　ぼくたちはカフェで昼食を食べたよ。

解説　男性2から4時30分だと伝えられた男性1は，It's time for the meeting. と言っています。この流れに合うのは **3** の we must go now. で，会議の時間なので行かなければならないということです。〈must＋動詞の原形〉は「～しなければならない」という意味です。

筆記 3　問題編 P58～59

(21) 解答 4

正しい語順　Akiko (had to work on Saturdays) last month.

解説　文頭の主語 Akiko の後に，「～しなくてはなりませんでした」を意味する had to ～ を続けます。「働く」は work なので，had to work とします。この後に，〈on＋曜日名〉の形で on Saturdays を続けます。

(22) 解答 2

正しい語順　Peter (practiced kicking the ball before the soccer game).

解説　「ピーターはボールを蹴る練習をしました」＋「サッカーの試合の前に」の順序で英文を考えます。〈practice＋動詞の～ing 形〉で「～することを練習する」という表現になり，ここでは practiced kicking the ball とします。この後に，「～の前に」を意味する before を使って before the soccer game を続けます。

(23) 解答 2

正しい語順　Thomas (saw a famous singer near his office) yesterday.

解説　文頭の主語 Thomas の後に，動詞 see「～を見る」の過去形 saw，さらにその目的語になる a famous singer「有名な歌手」を続けます。「オフィスの近くで」は「彼（＝トーマス）のオフィスの近くで」と考えて，near his office とします。

(24) 解答 4

(正しい語順) (When is Jack going to see) the movie?

解 説 「いつ～ですか」という疑問文なので，疑問詞の When「いつ」から始めます。「ジャックは～する予定です」は Jack is going to ～ で，これを疑問文の語順 is Jack going to とします。to の後に動詞の see を続けて，文末の the movie とつなげます。

(25) 解答 1

(正しい語順) My (dream is to be a pilot).

解 説 文頭の My と dream「夢」をつなげて，My dream という主語を作ります。この後に動詞の is を続けます。「パイロットになること」は，〈to＋動詞の原形〉を使って to be a pilot とします。ここでの be は become「～になる」と同じ意味です。

筆記 4A

問題編 P60～61

全 訳

ゴールデンパークへのクラス旅行

6月17日に，グラント先生のクラスはバスでゴールデンパークへ行きます。生徒たちはそこで，サッカーをしたり自転車を借りたりできます。昼食後に，私たちは公園を掃除します。

午前8時に校門に集合してください。

• 昼食と大きなごみ袋を持ってきてください。
• 帽子か野球帽をかぶったほうがいいです。

(26) 解答 3

質問の訳 「生徒たちはどのようにしてゴールデンパークへ行きますか」

選択肢の訳 1 車で。 2 地下鉄で。 3 バスで。 4 自転車で。

解 説 How は「どのようにして，どのような方法で」という意味で，生徒たちがゴールデンパークへ行く手段をたずねています。掲示の1文目に On June 17, Mr. Grant's class will go to Golden Park by bus. とあるので，**3** が正解です。

(27) 解答 1

質問の訳　「生徒たちは6月17日の午前8時にどこに集合しますか」

選択肢の訳
1　校門に。　2　ゴールデンパークに。
3　サッカースタジアムに。　4　グラント先生の家に。

解説　Where「どこに」で始まる質問文中の meet は「集まる，集合する」という意味で，生徒たちが6月17日の午前8時に集まる場所をたずねています。掲示の中央部に書かれている Please meet at the school gate at 8 a.m. に正解が含まれています。school gate は学校の門，つまり「校門」ということです。

筆記 4B　問題編 P62～63

全訳

差出人：ジェームズ・ライアン
受取人：ノーマ・ライアン
日付：1月14日
件名：ケーキ

おばあちゃんへ，
元気ですか。この前の日曜日，ジェニーおばさんの家でおばあちゃんに会えてうれしかったです。そのときにおばあちゃんにあることを聞くのを忘れました。来週の水曜日はぼくの友だちの誕生日です。ぼくは来週の火曜日の放課後に，彼にケーキを作ってあげたいと思っています。彼はチョコレートケーキが大好きで，おばあちゃんのケーキが最高です！　ぼくにレシピを送ってくれませんか。
あなたの孫息子，
ジェームズ

差出人：ノーマ・ライアン
受取人：ジェームズ・ライアン
日付：1月14日
件名：いいわよ

こんにちは，ジェームズ，
もちろんよ。あなたにチョコレートケーキのレシピを書くわね。金曜日にあなたのお父さんに会うの。そのときにお父さんにレシピを渡して，お父さんが家でそれをあなたに渡せるわね。火曜日の夜にケーキを冷蔵庫に入れたほうがいいわ。何か質問があったら私に聞いてね。
愛を込めて，
おばあちゃん

(28) 解答 4

質問の訳 「ジェームズはだれにケーキを作りますか」

選択肢の訳 1 彼の先生。 2 彼の父親。 3 彼の祖母。 4 彼の友だち。

解説 ジェームズは最初のEメールの5文目に，I want to make a cake for him ... と書いています。このhimは，その前文のIt's my friend's birthday on Wednesday next week. から，来週の水曜日に誕生日を迎える友だちのことだとわかります。

(29) 解答 1

質問の訳 「ジェームズはいつケーキを作りたいと思っていますか」

選択肢の訳 1 来週の火曜日。 2 来週の水曜日。
3 来週の金曜日。 4 来週の日曜日。

解説 最初のEメールの5文目で，ジェームズはI want to make a cake for himに続けて，いつケーキを作りたいかについてnext Tuesday after school「来週の火曜日の放課後」と書いています。

(30) 解答 2

質問の訳 「ジェームズの祖母はジェームズに何と言っていますか」

選択肢の訳
1 彼は両親に助けを求めたほうがいい。
2 彼はケーキを冷蔵庫に入れたほうがいい。
3 彼はチョコレートを買ったほうがいい。
4 彼は彼女にレシピを送ったほうがいい。

解説 ジェームズの祖母は2番目のEメールの5文目に，You should put the cake in the fridge on Tuesday night. と書いています。You should ～ は「～したほうがいい」という意味で，作ったケーキを冷蔵庫に入れておくように言っています。

筆記 4C 問題編 P64～65

全訳

ハンナの新しい趣味

ハンナはオーストラリアのシドニー出身の高校生です。毎年，ハンナは家族といっしょに旅行に出かけます。この前の１月，フィジーへ旅行しました。ホテルは美しいビーチのとなりにありました。水は温かくて，水中におもしろい魚がいました。ハンナは魚を見て楽しみました。

ある日，ハンナの母が，「私といっしょにサーフィンのレッスンを受けない？」とたずねました。ハンナは，「うん，でも私は初めてだわ」と言いました。彼女の母は，「心配いらないわよ。先生があなたを手助けしてくれるわ」と言いました。

翌日，２人はサーフィンのレッスンを受けました。先生は親切で，楽しいレッスンでした。ハンナはサーフボードの上に立ち上がったとき，うれしかったです。レッスンの後，ハンナはインターネットで別のサーフィンスクールを探しました。彼女はシドニーに１つのスクールを見つけて，そこでサーフィンのレッスンを受けることにしました。ハンナはサーフィンが大好きで，もっと練習するのを楽しみにしています。

(31) 解答 1

質問の訳 「ハンナはこの前の１月に何をしましたか」

選択肢の訳 1 彼女はフィジーへ行った。 2 彼女は高校に入学した。
3 彼女はシドニーを訪れた。 4 彼女は釣りに行った。

解説 第1段落の3文目に，Last January, they traveled to Fiji. と書かれています。they は，その前文にある Hannah と her family を指しています。正解の **1** では，traveled to ～「～へ旅行した」の代わりに went to ～ が使われています。

(32) 解答 4

質問の訳 「ハンナはビーチで何をして楽しみましたか」

選択肢の訳　1　海で泳ぐこと。　2　家族といっしょに遊ぶこと。
3　宿題をすること。　4　魚を見ること。

解説　enjoy ～ing は「～して楽しむ」という意味です。ハンナがビーチで何をして楽しんだかは，第1段落の6文目に，Hannah enjoyed looking at the fish. と書かれています。the fish は，その前文で説明されている水中にいた interesting fish のことです。

(33) 解答 2

質問の訳　「ハンナの母親はハンナに何と言いましたか」

選択肢の訳
1　彼女はハンナにサーフボードを買ってあげる。
2　先生がハンナにサーフィンについて教えてくれる。
3　彼女はサーフィンについて心配している。
4　サーフィンの先生はいい人だ。

解説　第2段落の3文目に，Her mother said, “Don't worry. The teacher will help you.” とあります。help you「あなたを手助けする」は，サーフィンのレッスンの先生がハンナに教えてくれるということです。このことを，正解の**2**では teach Hannah about surfing と表現しています。

(34) 解答 2

質問の訳　「ハンナはいつうれしかったのですか」

選択肢の訳
1　彼女が水中に落ちたとき。
2　彼女がサーフボードの上に立ち上がったとき。
3　彼女の先生が彼女に親切だったとき。
4　彼女が自分のサーフボードを手に入れたとき。

解説　第3段落の3文目にある Hannah was happy when she stood up on her surfboard. から，**2**が正解です。stood は stand の過去形で，stand up on ～ は「～の上に立ち上がる」という意味です。

(35) 解答 3

質問の訳　「サーフィンのレッスンの後に，ハンナは何をしましたか」

選択肢の訳　1 彼女は母親にサーフボードを頼んだ。
2 彼女はフィジーでサーフィンを習った。
3 彼女はシドニーにサーフィンスクールを見つけた。
4 彼女はインターネットで友人たちと話した。

解　説　第3段落の4文目に，After the class, Hannah looked for other surfing schools on the Internet. とあり，さらに5文目で She found one school in Sydney … と続けています。one school は one surfing school のことです。

リスニング　第1部　問題編 P66〜68

[例題] 解答 ③

放送文　★：Hi, my name is Yuta.
☆：Hi, I'm Kate.
★：Do you live near here?
1 I'll be there.　2 That's it.
3 Yes, I do.

放送文の訳　★：「やあ，ぼくの名前はユウタだよ」
☆：「こんにちは，私はケイトよ」
★：「君はこの近くに住んでいるの？」
1 私はそこへ行くわ。　2 それだけよ。
3 ええ，そうよ。

No. 1 解答 ①

放送文　★：Are you ready?
☆：I need to find my phone.
★：It's on the table.
1 Thanks.　2 At school.
3 See you soon.

放送文の訳　★：「用意はできた？」
☆：「私の電話を見つけないといけないの」

★：「それはテーブルの上にあるよ」

1 ありがとう。　　2 学校でよ。

3 じゃあまたね。

解説 女の子の I need to find my phone. から，女の子が電話を探している場面だとわかります。電話がある場所を It's on the table. と教えてもらった女の子の応答として適切なのは，感謝の気持ちを伝える **1** の Thanks.（=Thank you.）です。

No. 2 解答 1

放送文 ☆：Who is that woman by the window?

★：My sister.

☆：What does she do?

1 She's a teacher.　　2 She likes spaghetti.

3 She's 23 years old.

放送文の訳 ☆：「窓のそばにいるあの女性はだれなの？」

★：「ぼくの姉[妹]だよ」

☆：「お姉さん[妹さん]は何をしているの？」

1 彼女は先生だよ。　　2 彼女はスパゲティが好きだよ。

3 彼女は 23 歳だよ。

解説 窓のそばにいる男性の姉[妹]が話題です。What do[does] ～ do?「～は何をしていますか，～の仕事は何ですか」は職業などをたずねる表現なので，teacher だと答えている **1** が正解です。

No. 3 解答 3

放送文 ★：Are you hungry?

☆：Yes, it's almost lunchtime.

★：What do you want to eat?

1 Wash the dishes.

2 The restaurant is busy.

3 Some sandwiches.

放送文の訳 ★：「お腹はすいてる？」

☆：「うん，そろそろお昼の時間よ」

★：「何を食べたい？」

1 お皿を洗って。

2 そのレストランはにぎわっているわ。

3 サンドイッチ。

解 説 男性の What do you want to eat? は，女の子に何を食べたいかをたずねた質問なので，具体的に食べたい物を sandwiches「サンドイッチ」と答えている **3** が正解です。lunchtime は「昼食時間」という意味です。

No.4 解答 2

放送文 ★：Where do you have soccer practice?

☆：At school.

★：What do you do when it rains?

1 My raincoat is new.

2 We use the gym.

3 You can call me.

放送文の訳 ★：「どこでサッカーの練習をするの？」

☆：「学校でよ」

★：「雨が降ったときは何をするんだい？」

1 私のレインコートは新しいわ。

2 私たちは体育館を使うわ。

3 私に電話していいわ。

解 説 女の子の soccer practice「サッカーの練習」が話題です。男性の What do you do when it rains? は，雨が降ったときは何をするのか（サッカーの練習はどうするのか）という質問です。これに対応しているのは，use the gym「体育館を使う」と答えている **2** です。

No.5 解答 3

放送文 ★：Where's your scarf?

☆：Oh no. I left it at the restaurant.

★：What should we do?

1 The steak was delicious.

2 Under the table.

3 Let's go back and get it.

放送文の訳 ★：「君のスカーフはどこにあるの？」

☆：「あら，困ったわ。レストランに置いてきちゃった」

★：「どうしようか」

1 ステーキがとてもおいしかったわ。

2 テーブルの下によ。

3 戻ってそれを取ってきましょう。

解 説 scarf は「スカーフ，マフラー」の意味です。left は leave「～を置き忘れる」の過去形で，I left it の it は女性の scarf を指しています。男性の What should we do?「私たちは何をしたらいいか」→「どうしようか」に対して，Let's ～「～しましょう」を使って，レストランに忘れてきた scarf を取りに戻ろうと言っている **3** が正解です。

No.6 解答 3

放送文 ☆：It'll be summer soon.

★：Let's go on a trip.

☆：Good idea. Where do you want to go?

1 In our garden. 2 At work.

3 To the beach.

放送文の訳 ☆：「もうすぐ夏になるわね」

★：「旅行に行こうよ」

☆：「いい考えね。どこに行きたい？」

1 ぼくたちの庭でだよ。 2 仕事場でだよ。

3 ビーチへ。

解 説 go on a trip は「旅行に行く」という意味です。女性の Where do you want to go? は，男性にどこへ旅行に行きたいかをたずねる質問なので，行きたい場所を beach「ビーチ，海辺」と答えている **3** が正解です。

No.7 解答 2

放送文 ★：I have two sisters.

☆：I only have one.

★：Is she older than you?

1 No, she's too busy.

2 No, she's two years younger.

3 No, she's from Japan.

放送文の訳 ★：「ぼくには姉妹が2人いるんだ」

☆：「私は1人だけよ」

★：「君より年上なの？」

1 ううん，彼女は忙しすぎるわ。

2 ううん，彼女は2歳年下よ。

3 ううん，彼女は日本出身よ。

解説 女の子のI only have one. の one は，one sister ということです。それを聞いた男の子は Is she older than you? と，その sister が女の子より年上かどうかたずねています。この質問に，two years younger「(自分より) 2歳若い[年下だ]」と答えている**2**が正解です。

No.8 解答 1

放送文 ★：Can we go to the park, Mom?

☆：Not right now. It's raining.

★：Maybe it'll stop soon.

1 I hope so. **2** I had some, too.

3 I'll try.

放送文の訳 ★：「公園へ行ってもいいかな，お母さん」

☆：「今はだめよ。雨が降ってるわ」

★：「たぶんもうじきやむと思うよ」

1 そうだといいわね。 **2** 私もいくつか持ってたわ。

3 やってみるわ。

解説 母親の It's raining. を受けて，男の子は Maybe it'll stop soon. と言っています。Maybe ～ は「たぶん～だと思う」，stop soon は stop raining soon「もうじき雨がやむ」ということです。これに応じた発話は**1**の I hope so. で，「そうだと（もうじき雨がやむと）いいわね」という意味です。

No. 9 解答 1

放送文 ☆：Let's sit here, Dad.
★：OK.
☆：Can I sit next to the window?
1 Sure, no problem. **2** Yes, it's tomorrow.
3 No, it wasn't late.

放送文の訳 ☆：「ここに座ろうよ，お父さん」
★：「わかった」
☆：「私が窓のとなりに座ってもいい？」
1 もちろん，いいとも。 **2** うん，それは明日だよ。
3 いや，遅くはなかったよ。

解説 Can I ～? は「～してもいいですか」という意味です。女の子の next to the window「窓のとなりに」座ってもいいかどうかという質問への答えになっているのは **1** で，Sure も no problem も依頼されたり許可を求められたりしたときに応じる表現です。

No. 10 解答 2

放送文 ☆：What are you looking for?
★：My passport.
☆：It's over there.
1 Not today. **2** You're right.
3 On business.

放送文の訳 ☆：「何を探しているの？」
★：「ぼくのパスポートだよ」
☆：「あそこにあるわよ」
1 今日じゃないよ。 **2** その通りだね。
3 仕事でだよ。

解説 It's over there. の It は passport「パスポート」のことで，over there は「あそこに」という意味です。女性はパスポートがすぐ近くにあることを教えてくれているので，**2** の You're right.「あなたの言うとおりだね，その通りだね」が適切な応答です。

リスニング 第2部 問題編 P68〜69

No.11 解答 4

放送文 ☆：Let's go to the shopping mall, Dad.
★：Why, Karen?
☆：I joined the basketball club, so I need some new shoes.
★：I see.
Question: Why does Karen want to go to the shopping mall?

放送文の訳 ☆：「ショッピングモールへ行こうよ，お父さん」
★：「どうして，カレン？」
☆：「バスケットボールクラブに入ったから，新しいシューズが必要なの」
★：「わかった」

質問の訳 「カレンはなぜショッピングモールへ行きたいのですか」

選択肢の訳
1 レストランで食事するため。
2 父親にプレゼントを買うため。
3 バスケットボールの試合を見るため。
4 新しいシューズを買うため。

解説 父親の Why, Karen? は，カレンが shopping mall「ショッピングモール」へ行きたい理由をたずねた質問です。この質問に，カレンは …, so I need some new shoes. と答えています。正解の **4** では，need「〜が必要である」の代わりに get「〜を買う，手に入れる」が使われています。

No.12 解答 3

放送文 ★：Let's go to a movie tonight.
☆：OK. Do you want to eat dinner first?
★：Sure. Let's try the new Mexican restaurant.
☆：Perfect.
Question: What are they going to do first?

放送文の訳 ★：「今夜，映画を見に行こうよ」

☆：「いいわよ。最初に夕食を食べたい？」

★：「うん。新しいメキシコ料理のレストランに行ってみよう」

☆：「完璧ね」

質問の訳 「彼らは最初に何をするつもりですか」

選択肢の訳

1 映画を見に行く。　2 メキシコ料理を作る。

3 夕食を食べる。　4 新しいテレビを探す。

解説 女性の Do you want to eat dinner first? の first「最初に」は，go to a movie「映画を見に行く」の前にということです。これに男性は Sure. と応じているので，2人は映画を見る前に夕食を食べることになります。

No. 13 解答 ❷

放送文 ☆：John, are these your textbooks?

★：No, Mom. They're Sally's.

☆：Oh. Where is she?

★：She's playing outside with her friend.

Question: Whose textbooks are they?

放送文の訳 ☆：「ジョン，これらはあなたの教科書なの？」

★：「違うよ，お母さん。サリーのだよ」

☆：「あら。彼女はどこにいるの？」

★：「友だちといっしょに外で遊んでいるよ」

質問の訳 「それらはだれの教科書ですか」

選択肢の訳

1 ジョンの（教科書）。

2 サリーの（教科書）。

3 ジョンの母親の（教科書）。

4 サリーの友だちの（教科書）。

解説 John, are these your textbooks? にジョンは No, Mom. と答えているので，**1**を選ばないように注意します。この後の They're Sally's. から，**2**が正解です。They're は They are の短縮形で，Sally's は Sally's textbooks「サリーの教科書」ということです。

No. 14 解答 ①

放送文 ☆：How are you, David?

★：Not very good.

☆：Why? Are you sick?

★：No, I ate too much pizza for lunch.

Question: What is David's problem?

放送文の訳 ☆：「元気，デイビッド？」

★：「あまりよくないよ」

☆：「どうして？　具合が悪いの？」

★：「ううん，昼食にピザを食べすぎたんだ」

質問の訳 「デイビッドの問題は何ですか」

選択肢の訳
1 彼は食べすぎた。　2 彼は風邪をひいていた。
3 彼は遅い時間に寝た。　4 彼はピザが好きではない。

解説 How are you? に対してデイビッドは，Not very good.「（調子が）あまりよくない」と答えています。その理由を，I ate too much pizza for lunch と説明しています。ate は eat「～を食べる」の過去形で，eat too much ～ は「～を食べすぎる」という意味です。

No. 15 解答 ②

放送文 ☆：Are those your new shoes?

★：Yeah, I bought them for twenty dollars.

☆：Really? Were they on sale?

★：Yes. They're usually fifty-five dollars.

Question: How much were the boy's shoes?

放送文の訳 ☆：「あれはあなたの新しい靴なの？」

★：「そうだよ，20 ドルで買ったんだ」

☆：「本当？　セールだったの？」

★：「うん。普段は 55 ドルするんだ」

質問の訳 「男の子の靴はいくらでしたか」

選択肢の訳 1 15 ドル。　2 20 ドル。　3 25 ドル。　4 50 ドル。

解説 男の子の new shoes「新しい靴」が話題です。男の子は I bought them for twenty dollars と言っているので，**2** が正解です。

bought は buy の過去形で，〈buy ～ for ...（値段）〉で「～を…（値段）で買う」という意味です。

No. 16 解答 1

放送文 ★：Let's go to the park!
☆：But it's too windy.
★：It's not raining. Just wear a warm jacket.
☆：OK.
Question: How is the weather?

放送文の訳 ★：「公園へ行こうよ！」
☆：「でも風が強すぎるわ」
★：「雨は降ってないよ。暖かいジャケットを着ればいいよ」
☆：「わかったわ」

質問の訳 「天気はどうですか」

選択肢の訳
1 風が強い。 **2** 暖かい。
3 雨が降っている。 **4** 雪が降っている。

解説 女の子の But it's too windy. から，**1** が正解です。too ～ は「あまりに～」という意味で，too windy は「風が強すぎる」ということです。男の子が It's not raining. と言っているので，**3** を選ばないように注意します。

No. 17 解答 4

放送文 ★：Can I borrow your umbrella?
☆：Sure. But please give it back to me tomorrow.
★：OK. I lost my raincoat yesterday.
☆：I see.
Question: What did the boy lose?

放送文の訳 ★：「君のかさを借りてもいい？」
☆：「いいわよ。でも，明日，私に返してね」
★：「わかった。昨日，自分のレインコートをなくしちゃったんだ」
☆：「そうなのね」

質問の訳 「男の子は何をなくしましたか」

選択肢の訳
1 彼のセーター。 **2** 彼のかさ。

3 彼の家のかぎ。　　4 彼のレインコート。

解説 男の子は I lost my raincoat yesterday. と言っているので，**4** が正解です。lost は lose「～をなくす」の過去形です。男の子は最初に Can I borrow your umbrella? と頼んでいますが，かさをなくしたわけではないので，**2** は不正解です。

No. 18 解答 3

放送文 ☆：I like these red socks.

★：They're expensive. How about the green ones?

☆：They'll look good with my blue dress. I'll get those.

★：Great!

Question: Which socks will the woman get?

放送文の訳 ☆：「この赤色の靴下が気に入ったわ」

★：「それは値段が高いよ。緑色の靴下はどう？」

☆：「それは私の青色のドレスに似合いそうね。それを買うわ」

★：「いいね！」

質問の訳 「女性はどの靴下を買いますか」

選択肢の訳
1 黒色の靴下。　　2 赤色の靴下。
3 緑色の靴下。　　4 青色の靴下。

解説 女性が最初に気に入ったのは red socks「赤色の靴下」ですが，男性から How about the green ones? と緑色の靴下をすすめられ，それについて I'll get those. と言っているので **3** が正解です。look good with ～ は「～に似合う」という意味です。対話と各選択肢の ones は，socks の代わりに使われています。

No. 19 解答 1

放送文 ★：Is Jack in your art class?

☆：No, Ben. He's in Ms. Norton's art class.

★：He's my best friend.

☆：Yeah, he's really nice.

Question: Who is Ben's best friend?

放送文の訳 ★：「ジャックは君の美術のクラスにいるの？」

☆：「ううん，ベン。彼はノートン先生の美術のクラスにいるわ」

★：「彼はぼくのいちばんの友だちなんだ」
☆：「そうね，彼は本当にいい人ね」

質問の訳　「だれがベンのいちばんの友だちですか」

選択肢の訳　1　ジャック。　2　ノートン先生。
3　女の子。　4　ノートン先生の息子。

解説　ベンは最初に Is Jack in your art class? と聞いていて，それ以降に出てくる He，he はいずれも Jack を指しています。ベンは He's my best friend. と言っているので，**1** が正解です。

No. 20 解答 4

放送文　★：Happy birthday, Jill!
☆：Thank you, Mark! Your birthday is next week, right?
★：No, mine is next month. Please come to my party.
☆：OK, I will. Thanks.
Question: When is Mark's birthday?

放送文の訳　★：「誕生日おめでとう，ジル！」
☆：「ありがとう，マーク！　あなたの誕生日は来週よね？」
★：「ううん，ぼくの誕生日は来月だよ。ぼくのパーティーに来てね」
☆：「わかった，行くわ。ありがとう」

質問の訳　「マークの誕生日はいつですか」

選択肢の訳　1　今日。　2　明日。　3　来週。　4　来月。

解説　質問では Mark's birthday がいつかをたずねていることに注意します。ジルの Your birthday is next week, right? にマークは No と答えているので，**3** は不正解です。その後の mine is next month に正解が含まれています。mine は my birthday のことです。

リスニング　第3部　問題編 P69〜70　▶MP3 ▶アプリ ▶CD 2 23〜33

No. 21 解答 3

放送文　I just started high school. I'm good at history, but math and science are difficult. English is hard, too, but the teacher is really funny.

Question: Which subject is the girl good at?

放送文の訳　「私は高校に入学したばかりです。私は歴史が得意ですが，数学と理科は難しいです。英語も難しいですが，先生は本当におもしろいです」

質問の訳　「女の子はどの科目が得意ですか」

選択肢の訳　**1**　数学。　**2**　英語。　**3**　歴史。　**4**　理科。

解　説　be good at ～ は「～が得意である」という意味で，I'm good at history から，**3** が正解です。数学と理科については math and science are difficult，英語については English is hard, too と言っているので，これらの科目は不正解です。

No. 22 解答 1

放送文　I went for a long walk today. It was sunny, but then it started to rain. I waited in a café, and then I walked home.

Question: What is the woman talking about?

放送文の訳　「私は今日，長い散歩に出かけました。晴れていましたが，その後，雨が降り始めました。私はカフェの中で待って，それから歩いて家に帰りました」

質問の訳　「女性は何について話していますか」

選択肢の訳　**1**　彼女の散歩。　**2**　カフェで働くこと。
3　昼食を作ること。　**4**　彼女の家を掃除すること。

解　説　go for a walk は「散歩に出かける」という意味です。英文は I went for a long walk today. で始まり，それ以降，散歩中の天気の変化や雨が降り始めた後の自分の行動について話しているので，**1** の Her walk. がこの英文の話題です。

No. 23 解答 3

放送文　Good afternoon, customers. This week, we're having a sale on basketballs and soccer balls. On the weekend, tennis and badminton rackets will be on sale, too.

Question: Where is the man talking?

放送文の訳　「こんにちは，お客さま。今週，当店はバスケットボールとサッカーボールのセールを行っています。週末には，テニスとバドミントンのラケットもセールになります」

質問の訳　「男性はどこで話していますか」

選択肢の訳
1　野球場で。　2　学校の体育館で。
3　スポーツ店で。　4　職員室で。

解説　Good afternoon, customers.「こんにちは，お客さま」から男性は店で話していること，さらに，basketballs and soccer balls や tennis and badminton rackets からスポーツ用品を扱っている店であることがわかります。have a sale は「セールを行う」，be on sale は「セール中である」という意味です。

No. 24 解答 1

放送文　Nancy wanted to go hiking last Saturday or Sunday, but it rained. She'll go next Tuesday because it is a school holiday.

Question: When will Nancy go hiking?

放送文の訳　「ナンシーはこの前の土曜日か日曜日にハイキングに行きたかったのですが，雨が降りました。次の火曜日は学校が休みなので，彼女はその日に行くつもりです」

質問の訳　「ナンシーはいつハイキングに行きますか」

選択肢の訳
1　次の火曜日。　2　次の木曜日。
3　次の土曜日。　4　次の日曜日。

解説　She'll go next Tuesday の go は，1文目の内容を受けて go hiking ということなので，**1** が正解です。Tuesday と **2** の Thursday を混同しないように注意しましょう。1文目の last Saturday or Sunday は，雨が降ったのでハイキングに行けなかった日です。

No. 25 解答 2

放送文　Charles is a university student. He wanted to learn a new language. He already speaks Spanish and English, so he studied French this year.

Question: What language did Charles study this year?

放送文の訳　「チャールズは大学生です。彼は新しい言語を習いたいと思っていました。彼はすでにスペイン語と英語を話すので，今年はフランス語を勉強しました」

質問の訳　「チャールズは今年，何語を勉強しましたか」

選択肢の訳　**1**　スペイン語。　**2**　フランス語。
3　ドイツ語。　**4**　英語。

解　説　質問に this year「今年」が含まれていることに注意して，最後の he studied French this year から **2** を選びます。He already speaks Spanish and English とあるので，**1** と **4** はチャールズがすでに話せる言語です。

No. 26 解答 2

放送文　Parkland Zoo will close at seven tonight. Tomorrow, we'll close at three because it's a holiday. The restaurant will close at noon tomorrow.

Question: What time will Parkland Zoo close tomorrow?

放送文の訳　「パークランド動物園は今夜7時に閉園します。明日は休日なので，3時に閉園します。明日，レストランは正午に閉店します」

質問の訳　「明日，パークランド動物園は何時に閉園しますか」

選択肢の訳　**1**　2時に。　**2**　3時に。　**3**　7時に。　**4**　12時に。

解　説　質問ではパークランド動物園の tomorrow「明日」の閉園時刻をたずねているので，Tomorrow, we'll close at three から **2** が正解です。at seven は tonight「今夜」の閉園時刻，at noon は明日のレストランの閉店時刻です。

No. 27 解答 2

放送文　I eat a different kind of ice cream every Saturday. Last Saturday, I ate chocolate. This Saturday, I'm going to eat strawberry.

Question: Which kind of ice cream will the man eat this Saturday?

放送文の訳　「ぼくは毎週土曜日に違う種類のアイスクリームを食べます。この前の土曜日に，チョコレートを食べました。今度の土曜日は，ストロベリーを食べようと思います」

質問の訳　「男性は今度の土曜日，どの種類のアイスクリームを食べますか」

選択肢の訳

1　チェリー。　2　ストロベリー。

3　チョコレート。　4　バニラ。

解　説　質問では男性が this Saturday「今度の土曜日」に食べるアイスクリームの種類をたずねているので，This Saturday, I'm going to eat strawberry. から **2** が正解です。**3** の Chocolate. は，この前の土曜日に食べたアイスクリームです。

No. 28 解答 ①

放送文　Last weekend, I went on a trip with my family. We took a boat to an island. We took pictures of birds there.

Question: What is the boy talking about?

放送文の訳　「先週末，ぼくは家族といっしょに旅行に行きました。ぼくたちはボートに乗って島へ行きました。ぼくたちはそこで鳥の写真を撮りました」

質問の訳　「男の子は何について話していますか」

選択肢の訳

1　彼の旅行。　2　彼のペットの鳥。

3　彼の週末の計画。　4　彼のお気に入りの博物館。

解　説　英文は Last weekend, I went on a trip with my family. で始まっていて，それ以降，その旅行でどこへ行って何をしたかなどが説明されているので，**1** が正解です。go on a trip は「旅行に行く」という意味です。

No. 29 解答 

放送文　I'll start high school next week. I want to join the baseball team because baseball is my favorite sport. My best friend will join the tennis team.

Question: Why does the boy want to join the baseball team?

放送文の訳　「ぼくは来週，高校に入学します。野球がぼくの大好きなスポーツなので，野球チームに入りたいと思っています。ぼくのいちばんの友だちはテニスチームに入ります」

質問の訳 「男の子はなぜ野球チームに入りたいのですか」

選択肢の訳
1 野球は彼の大好きなスポーツだ。
2 彼の友だちがチームに入っている。
3 テニスチームがない。
4 来週，試合がある。

解説 join は「～に入る[参加する]」という意味です。I want to join the baseball team の理由は，その後の because baseball is my favorite sport で説明されています。

No. 30 解答 4

放送文 I live near my school. It takes about 10 minutes to walk there. I always leave my house at 7:50 and arrive at school at eight o'clock.

Question: What time does the girl arrive at school?

放送文の訳 「私は自分の学校の近くに住んでいます。そこへは歩いて 10 分ほどかかります。私はいつも 7 時 50 分に家を出て，8 時に学校に着きます」

質問の訳 「女の子は何時に学校に着きますか」

選択肢の訳
1 7 時に。
2 7 時 10 分に。
3 7 時 50 分に。
4 8 時に。

解説 arrive at ～ は「～に到着する」という意味で，質問では女の子が学校に着く時刻をたずねています。最後の … and arrive at school at eight o'clock から，**4** が正解です。I always leave my house at 7:50 で述べられている家を出る時刻と混同しないように注意しましょう。

2022-2

解答一覧

筆記

1

(1)	3	(6)	1	(11)	4
(2)	4	(7)	4	(12)	1
(3)	1	(8)	2	(13)	1
(4)	2	(9)	3	(14)	3
(5)	3	(10)	1	(15)	2

2

(16)	4	(18)	2	(20)	3
(17)	4	(19)	1		

3

(21)	1	(23)	3	(25)	2
(22)	4	(24)	4		

4 A

(26)	4
(27)	3

4 B

(28)	3
(29)	1
(30)	3

4 C

(31)	3	(33)	2	(35)	3
(32)	4	(34)	4		

リスニング

第1部

No. 1	1	No. 5	2	No. 9	3
No. 2	1	No. 6	2	No.10	3
No. 3	1	No. 7	1		
No. 4	3	No. 8	1		

第2部

No.11	2	No.15	2	No.19	4
No.12	1	No.16	3	No.20	2
No.13	4	No.17	3		
No.14	2	No.18	1		

第3部

No.21	2	No.25	3	No.29	2
No.22	4	No.26	1	No.30	4
No.23	3	No.27	3		
No.24	1	No.28	1		

筆記 1　問題編 P72〜73

(1) 解答 3

訳　A「映画を見に行くことについてお母さんに聞いた？」
B「うん。君といっしょに行けるよ」
1 見る　2 作る　3 聞く　4 手に入れる

解説　空所の後にある your mother「あなたのお母さん」と about going to the movie「映画を見に行くことについて」とのつながりから，ask「（人）に聞く，たずねる」が正解です。

(2) 解答 4

訳　「多くの国で，クリスマスは人気のある休日で，多くの子どもたちはこの日にプレゼントをもらいます」
1 科目　2 音　3 部屋　4 プレゼント

解説　this day は Christmas Day「クリスマスの日」を指しています。many children「多くの子どもたち」がクリスマスに何をもらうかを考えて，present「プレゼント」の複数形 presents を選びます。

(3) 解答 1

訳　A「今週末は何をするの？」
B「新しいアパートへ引っ越しするんだ。今までより広いから，うれしいよ」
1 アパート　2 バンド　3 レース　4 絵画

解説　A は B に，this weekend「今週末」の予定をたずねています。B の move to 〜「〜へ引っ越す」から，apartment「アパート」が正解です。bigger は big「大きい，広い」の比較級で，今住んでいるところよりも広いということです。

(4) 解答 2

訳　「ウェンディーはよく，昼食後に食べるためのくだものを持ってきます」

1 会う　2 持ってくる　3 座る　4 落ちる

解説 空所の後の some fruit「くだもの」とつながる動詞は，bring「～を持ってくる」の3人称単数現在の形である brings です。to eat after lunch「昼食後に食べるための」は some fruit を修飾しています。

(5) 解答 3

訳 A「今週末にキャンプに行かない？　とてもいい天気になるだろうから，夜にたくさんの星を見ることができるよ」
B「それはいいね」

1 ペン　2 皿　3 星　4 チーム

解説 The weather will be great「とてもいい天気になるだろう」から，at night「夜に」何を見ることができるかを考えて，star「星」の複数形 stars を選びます。go camping は「キャンプに行く」という意味です。

(6) 解答 1

訳 「カナダにはたくさんの美しい公園と湖があります。夏には多くの人がそこを訪れます」

1 美しい　2 疲れた　3 簡単な　4 必要な

解説 空所の後の parks and lakes「公園と湖」につながる形容詞は，beautiful「美しい，きれいな」です。there「そこへ」は，many beautiful parks and lakes を指しています。

(7) 解答 4

訳 A「このパンをこのナイフで切ってくれる？」
B「わかった」

1 橋　2 ピクニック　3 休息　4 ナイフ

解説 Can you ～? は「～してくれませんか」と依頼する表現です。cut this bread「このパンを切る」ために何を使うかを考えて，knife「ナイフ」を選びます。ここでの with は，「～を使って」という道具・手段を表します。

(8) 解答 2

訳 「その野球チームのメンバーは，毎回の練習中に15分間キャッチボールをします」

1 握る　2 （play catch で）キャッチボールをする

3 ほしい　4 言う

解説 空所の後の catch とのつながりを考えて，play catch「キャッチボールをする」という表現にします。catch は「キャッチボール」という名詞として使われています。minute(s) は「分」，practice はここでは名詞の「練習」という意味です。

(9) 解答 3

訳 「オーストラリア出身の新しい英語の先生は，クラスの生徒全員にやさしかったです」

1 ～の　2 ～で

3 （was kind to ～ で）～にやさしかった　4 ～として

解説 空所の前にある kind は「やさしい，親切な」という意味の形容詞で，be kind to ～「(人) にやさしい」の形で使われます。from Australia は「オーストラリア出身の」という意味です。

(10) 解答 1

訳 A「今夜，テレビでいい映画はある？」

B「ええ。それはある若いダンサーについてよ」

1 （on TV で）テレビで　2 ～のために

3 ～によって　4 ～の後に

解説 空所の後の TV「テレビ」とつながるのは on で，on TV で「テレビで」という意味になります。A は今夜のテレビで a good movie「いい映画」が放映されるかどうかをたずねています。

(11) 解答 4

訳 「リックはよく朝早くに，彼の犬といっしょに長い時間散歩します」

1 呼ぶ　2 聞く

3 見せる　4 （takes a walk で）散歩する

解説 空所の後の a long walk とのつながりを考えて，take の3人称単数現在の形である takes を入れます。take a walk で「散歩する」という意味で，take a long walk は「長い時間[長距離]散歩する」ということです。

(12) 解答 1

訳　A「私のチョコレートチップクッキーをどう思う？」
B「とてもおいしいよ」
1 （think of ～ で）～のことを考える　2 歌う
3 開ける　4 来る

解説　空所の後の of とつながる動詞は think で，think of ～ は「～のことを考える」という意味です。What do you think of ～? で「あなたは～をどう思いますか」と感想や印象をたずねる表現になります。

(13) 解答 1

訳　「ジェームズは脚をけがしたので，今日の野球の試合に行きません」

解説　he hurt his leg「彼は脚をけがした」という事実と，空所の後の動詞が原形であることから，won't「～しない（だろう）」が正解です。won't は will not の短縮形です。主語が3人称単数なので，don't は不正解です。

(14) 解答 3

訳　「姉[妹]と私は正午に学校から帰宅しました。母が私たちに昼食を作ってくれました」
1 私たちの　2 私たちは　3 私たちに　4 彼らの

解説　for は前置詞なので，この後には we の目的格である us「私たちに」が続きます。ここでの for us「私たち（のため）に」は，for my sister and me「姉[妹]と私に」ということです。

(15) 解答 2

訳　A「おばあちゃんがまだ寝ているから，テレビを見ないでね」
B「わかった，お母さん」

解説　Grandma「おばあちゃん」の後にある is に注目して，〈is[am, are]＋動詞の～ing 形〉「～している」という現在進行形にします。

22年度第2回　筆記

still は「まだ」という意味です。

筆記 2 問題編 P74〜75

(16) 解答 4

訳
父親「ダイニングルームにおいで，ティム。昼食の用意ができたよ」
息子「わかった，お父さん。今行くよ」
1 それは新しい家だよ。 2 私は君の寝室が好きだよ。
3 それは君にではないよ。 4 昼食の用意ができたよ。

解説
父親は息子のティムに dining room「ダイニングルーム，食堂」へ来るように言っているので，後に続く発話として適切なのは，その理由になる **4** の Lunch is ready. です。ready は「用意ができて」という意味です。

(17) 解答 4

訳
女の子1「私たちの水泳のレースはすぐに始まるの？」
女の子2「ええ，5分後に。がんばってね」
女の子1「ありがとう。あなたもね」
1 それは速いわ。 2 今回じゃないわ。
3 プールでよ。 4 がんばってね。

解説
女の子たちの swimming race「水泳のレース，競泳」が in five minutes「5分後に」始まるという状況です。女の子1は Thanks.「ありがとう」と言っているので，相手の成功を願ったり相手を励ましたりする **4** の Good luck.「がんばってね」が正解です。

(18) 解答 2

訳
生徒「夏休みにどこへ行きましたか，リチャーズ先生？」
先生「ベルモア湖へ。私は毎年夏にそこへ釣りに行くのよ」
1 私のリビングルームでね。 2 ベルモア湖へ。
3 春にね。 4 5日間よ。

解説
生徒の発話は Where did you go ...「どこへ行きましたか」で始

まっていて，リチャーズ先生が summer vacation「夏休み」にどこへ行ったかをたずねています。具体的な場所を To ～「～へ」を使って答えている **2** が正解です。

(19) 解答 1

訳　女の子1「あなたのお姉さん[妹さん]の誕生日パーティーはどうだった？」
女の子2「楽しかったわよ。そこには30人の人がいたわ」
女の子1「わあ！　それは多いわね」
1　そこには30人の人がいたわ。
2　それは遅れて始まったの。
3　私はプレゼントを忘れちゃったの。
4　あなたは私たちといっしょに来られるわ。

解説　女の子1が That's a lot.「それは多いわね」と言っていることに注目します。これにつながるのは **1** の There were 30 people there. です。女の子2の姉[妹]の誕生日パーティーに 30 people「30人（の人）」と多くの人がいたことに女の子1が驚いている状況です。

(20) 解答 3

訳　母親「ジェニー，台所で私の手伝いをしてくれない？」
娘「ちょっと待って，お母さん。まずこのEメールだけ送る必要があるの」
1　それはお母さんのコンピューターよ，
2　私たちは夕食を食べたわ，
3　ちょっと待って，
4　私はそれが好きよ，

解説　母親はジェニーに，can you help me in the kitchen? と台所で手伝いをするように頼んでいます。ジェニーは I just need to … first.「まず…だけする必要がある」と言っているので，この前の発話としては **3** の Just a minute,「ちょっと待って，」が適切です。

筆記 3 問題編 P76～77

(21) 解答 1

正しい語順 (May I see your passport), please?

解説 並べかえる語に may「～してもよい」があることに注目して，May I ～?「(私が) ～してもいいですか」という形の文にします。この後には動詞の see「～を見る」と，その目的語になる your passport「あなたのパスポート」が続きます。日本語は「～していただけますか」ですが，同じ内容を英語では「～してもいいですか」と表現していることに着目しましょう。

(22) 解答 4

正しい語順 I make (breakfast when I have time).

解説 文頭に I make が出ているので，「私は朝食を作ります」+「時間があるとき」の順番で考えます。make「～を作る」の後に，その目的語になる breakfast「朝食」をつなげます。「～するとき」は時を表す接続詞 when で，その後に「私は時間がある」を意味する I have time を続けます。

(23) 解答 3

正しい語順 My father (can speak both English and) French.

解説 「～することができる」は〈can＋動詞の原形〉で表すことができるので，主語 My father の後に can speak「～を話すことができる」を続けます。「英語とフランス語の両方」は both ～ and …「～と…の両方」の形を使って both English and French とします。

(24) 解答 4

正しい語順 (The comic book was not interesting at) all.

解説 主語になる The comic book「その漫画」から始めます。「おもしろくありませんでした」という過去の否定文なので，be 動詞 is の過去形 was を使って was not interesting とします。「まったく～ない」は not ～ at all という表現を使い，at を文末の all の前に置きます。

(25) 解答 2

正しい語順 Adam's (house is next to the bookstore).

解説 文頭に出ている Adam's「アダムの」に house「家」を続けて，主語 Adam's house を完成させます。この後には，動詞の is が続きます。「～のとなり（に）」は〈next to＋(場所)〉という表現を使って，next to the bookstore「本屋のとなり（に）」とします。

筆記 4A 問題編 P78～79

全訳

中学生のためのサッカー日帰りキャンプ

サッカーに興味があれば，私たちのキャンプへお越しください！

日にち：7月12日から7月16日まで
時間：10時30分から15時まで
場所：シルバートン中学校
費用：30ドル

キャンプでは，シルバートン・ファイターズの2人の有名なサッカー選手に会えます。参加するには，6月12日より前にマイク・ウェブへEメールを送ってください。

infosoccer@silverton.jhs

(26) 解答 4

質問の訳 **「サッカー日帰りキャンプの最終日はいつですか」**

選択肢の訳 **1　6月12日。2　6月16日。3　7月12日。4　7月16日。**

解説 the soccer day camp「サッカー日帰りキャンプ[デイキャンプ]」の期間は，お知らせの Dates「日にち」の部分に July 12 to July 16 と書かれています。質問では the last day「最終日」をたずねているので，**4** の July 16「7月16日」が正解です。

(27) 解答 3

質問の訳　「キャンプで，生徒たちは」

選択肢の訳
1 シルバートン・ファイターズから E メールを受け取る。
2 マイク・ウェブといっしょに映画を見る。
3 有名なサッカー選手たちに会う。
4 無料のサッカーボールをもらう。

解 説　お知らせの下段に，You'll meet two famous soccer players from the Silverton Fighters at the camp. と書かれていて，これを短くまとめている **3** が正解です。You'll は You will の短縮形で，meet は「～に会う」，famous は「有名な」という意味です。

筆 記 4B

問題編 P80〜81

全 訳

差出人：キャロル・ミラー
受取人：デニス・リトル
日付：1 月 16 日
件名：雪祭り

こんにちは，デニス，

スモールビルで特別なイベントがあるわ！ 2 月 2 日から 7 日までの 6 日間，雪祭りがあるの。2 月 6 日には，氷の彫刻コンテストがあるわ。優勝者は 200 ドルもらえるのよ。私はその日に行って，彫刻を見たいと思っているの。チケットは 1 人 10 ドルよ。あなたは行ってみたい？

あなたの友，
キャロル

差出人：デニス・リトル
受取人：キャロル・ミラー
日付：1 月 17 日
件名：行こう！

こんにちは，キャロル，

彫刻を見たいけど，2月5日と6日にぼくは家族といっしょにスキーに行くんだ。祭りのウェブサイトを見たよ。2月7日でもぼくたちはまだ彫刻を見られるね。その日に雪だるまコンテストもあるよ。チケットは1人5ドルで，優勝者は100ドルもらえる。参加しようよ！
それじゃまた，
デニス

(28) 解答 3

質問の訳 「雪祭りの期間はどれくらいですか」

選択肢の訳 1 2日間。 2 5日間。 3 6日間。 4 7日間。

解説 How long ～? は「どれくらいの長さですか」と期間などをたずねる表現です。snow festival「雪祭り」の期間については，キャロルが最初のEメールの2文目に There will be a snow festival for six days, from February 2 to 7. と書いていて，2月2日から7日の6日間だとわかります。

(29) 解答 1

質問の訳 「デニスは2月5日に何をしますか」

選択肢の訳 1 スキーに行く。 2 彫刻を作る。
3 祭りを訪れる。 4 ウェブサイトを作る。

解説 デニスが February 5「2月5日」に何をするかについては，2番目のデニスが書いたEメールを見ます。1文目後半の ..., but I'll go skiing with my family on February 5 and 6. から，2月5日と6日は家族とスキーに行くことがわかります。

(30) 解答 3

質問の訳 「雪だるまコンテストの優勝者がもらうのは」

選択肢の訳 1 5ドル。 2 10ドル。 3 100ドル。 4 200ドル。

解説 2番目のEメールの4文目に They'll also have a snowman contest that day. とあり，次の文の後半に ..., and the winner gets $100. と書かれています。the winner「その優勝者」とは snowman contest「雪だるまコンテスト」の優勝者のことです。4の $200 は，氷の彫刻コンテストの優勝賞金です。

筆記 4C 問題編 P82〜83

全訳

ピアノのレッスン

先月，キャサリンの両親はハワイでの結婚式に行きました。キャサリンは行けなかったので，1週間彼女の祖母の家に泊まりました。初日に，彼女は両親がいなくて寂しく思い，悲しい気持ちになりました。祖母の家にはインターネットがなくて，祖母は昔のテレビ番組を見ていました。

翌朝，キャサリンに音楽が聞こえてきました。それはリビングルームから流れてきていました。キャサリンの祖母がピアノを弾いていたのです。キャサリンは，「おばあちゃん，私に教えてくれない？」と言いました。祖母はとてもわくわくした様子でした。祖母は，「何年も前に，あなたのお母さんにもピアノの弾き方を教えたわ」と言いました。2人は毎日3時間練習して，キャサリンは4曲習いました。

金曜日に，キャサリンの両親が旅行から戻ってきました。両親はキャサリンの祖母にいくつかお土産をあげて，キャサリンは両親のために2曲弾きました。キャサリンの父親は喜びました。キャサリンの母親は，「あなたはもっと頻繁におばあちゃんをたずねたほうがいいわ」と言いました。今，キャサリンはもっと多くの曲を習いたいと思っているので，来月も祖母をたずねるつもりです。

(31) 解答 3

質問の訳　「キャサリンはどれくらいの期間，祖母の家に泊まりましたか」

選択肢の訳　1　1日間。　2　3日間。　3　1週間。　4　1カ月間。

解説　質問は How long「どれくらの長さ[期間]」で始まっていて，キャサリンが祖母の家に泊まった期間をたずねています。第1段落の2文目後半の …, so she stayed at her grandmother's house for one week. の one week に注目します。

(32) 解答 4

質問の訳　「キャサリンは初日にどのように感じましたか」

選択肢の訳
1 疲れている。　2 わくわくしている。
3 うれしい。　4 悲しい。

解説　How は「どのように」, feel は「感じる」という意味で, キャサリンが祖母の家に泊まった the first day「初日」にどう感じたかをたずねています。第1段落の3文目に, On the first day, she missed her parents and felt sad. とあるので, **4** が正解です。felt は feel の過去形です。

(33) 解答 2

質問の訳　「何年も前に, キャサリンの祖母がピアノを教えた相手は」

選択肢の訳
1 キャサリンの父親。　2 キャサリンの母親。
3 キャサリンのおじ。　4 キャサリンの友人たち。

解説　Many years ago は「何年も前に」という意味で, taught は teach「～を教える」の過去形です。第2段落の6文目に, She said, "Many years ago, I taught your mother to play the piano, too." と書かれています。キャサリンの祖母がキャサリンに向かって話しているので, your mother はキャサリンの母親のことです。

(34) 解答 4

質問の訳　「キャサリンは金曜日に何をしましたか」

選択肢の訳
1 彼女は新しい曲を習った。
2 彼女は4時間練習した。
3 彼女は結婚式へ行った。
4 彼女は両親のためにピアノを弾いた。

解説　On Friday「金曜日に」で始まる第3段落に金曜日のことが書かれています。その2文目後半に, ..., and Katherine played two songs for them. と書かれています。played two songs は「(ピアノで) 2曲弾いた」という意味で, them は her parents「彼女(＝キャサリン)の両親」を指しています。

(35) 解答 3

質問の訳　「キャサリンはなぜ来月祖母をたずねますか」

選択肢の訳
1 彼女の母親が仕事をしなければならない。
2 彼女の両親が旅行に出かける。
3 彼女はもっと多くの曲を習いたい。
4 彼女は祖母にプレゼントをあげる。

解説　キャサリンが来月も祖母をたずねる理由は，第3段落の最後の文で，Now, Katherine wants to learn more songs, so she will visit her grandmother next month, too. と説明されています。～, so ...「～(理由)，だから…(結果)」の構文に注意しましょう。

リスニング 第1部 問題編 P84～86

[例題] 解答 3

放送文
★：Hi, my name is Yuta.
☆：Hi, I'm Kate.
★：Do you live near here?
1 I'll be there.　　2 That's it.
3 Yes, I do.

放送文の訳
★：「やあ，ぼくの名前はユウタだよ」
☆：「こんにちは，私はケイトよ」
★：「君はこの近くに住んでいるの？」
1 私はそこへ行くわ。　　2 それだけよ。
3 ええ，そうよ。

No. 1 解答 1

放送文
☆：These newspapers are heavy!
★：Are you recycling them?
☆：Yes. Could you help me?
1 Sure, Mom.　　2 I like reading.
3 I don't understand.

放送文の訳 ☆：「これらの新聞は重いわ！」

★：「それらをリサイクルしているの？」

☆：「そうよ。手伝ってくれる？」

1 いいよ，お母さん。　　2 ぼくは読書が好きだよ。

3 ぼくにはわからない。

解説 Could you ～? は「～してくれますか」という意味で，母親は息子に手伝ってくれるように頼んでいます。これに対して Sure「いいよ」と答えている **1** が正解です。newspaper(s) は「新聞」，recycling は recycle「～をリサイクルする」の～ing 形です。

No. 2 解答 1

放送文 ☆：Is your sister in a band, too?

★：Yes.

☆：What does she play?

1 The trumpet.　　2 At high school.

3 Our music teacher.

放送文の訳 ☆：「あなたのお姉さん[妹さん]もバンドに入っているの？」

★：「うん」

☆：「彼女は何を演奏するの？」

1 トランペットだよ。　　2 高校でだよ。

3 ぼくたちの音楽の先生だよ。

解説 What does she play? の she は your sister を指していて，男の子の姉[妹]が band「バンド」で何を演奏するのかたずねています。具体的な楽器名である trumpet「トランペット」と答えている **1** が正解です。

No. 3 解答 1

放送文 ☆：What are you going to get for Dad's birthday?

★：Some socks. How about you?

☆：I'll make him a photo frame.

1 He'll like that.

2 He'll call later.

3 He'll get some cake.

放送文の訳 ☆：「お父さんの誕生日に何を買うの？」

★：「靴下だよ。君は？」

☆：「私はお父さんに写真の額を作るわ」

1 お父さんはそれを気に入るよ。

2 お父さんは後で電話するよ。

3 お父さんはケーキを買うよ。

解説 Dad's birthday「お父さんの誕生日」に何を用意するか話し合っています。a photo frame「写真の額，フォトフレーム」を作るという女の子の発話に対応しているのは**1**の He'll like that. で，that は a photo frame を指しています。

No. 4 解答 ❸

放送文 ☆：Mr. Warner, you have a visitor.

★：Who is it?

☆：Mr. Smith.

1 Two o'clock is fine. **2** This is my report.

3 I'll be there soon.

放送文の訳 ☆：「ワーナーさん，あなたに来客です」

★：「どなたですか」

☆：「スミスさんです」

1 2時で大丈夫です。 **2** これは私のレポートです。

3 すぐにそちらへ行きます。

解説 visitor は「訪問客」という意味で，ワーナーさんにお客さんが来ている場面です。それが Mr. Smith だと言われた後のワーナーさんの応答として適切なのは**3**の I'll be there soon. で，be there「そこへ行く」はスミスさんのところへ行くということです。

No. 5 解答 ❷

放送文 ☆：Happy birthday, James.

★：Thanks, Grandma.

☆：Are you going to have a party tonight?

1 Yes, it was delicious.

2 Yes, at a restaurant.

3 Yes, a new jacket.

放送文の訳 ☆：「お誕生日おめでとう，ジェームズ」

★：「ありがとう，おばあちゃん」

☆：「今夜はパーティーをするの？」

1 うん，それはとてもおいしかったよ。

2 うん，レストランでね。

3 うん，新しいジャケットだよ。

解説 Are you going to have a party tonight? は，祖母が誕生日を迎えたジェームズに今夜パーティーをするかどうかたずねた質問です。Yes の後に，at a restaurant「レストランで」とパーティーをする場所を答えている **2** が正解です。

No. 6 解答 2

放送文 ☆：What did you do yesterday?

★：I watched a movie about birds.

☆：How was it?

1 I have two fish.

2 It was interesting.

3 That's all.

放送文の訳 ☆：「昨日は何をしたの？」

★：「鳥についての映画を見たよ」

☆：「それはどうだった？」

1 ぼくは魚を2匹飼っているよ。

2 それはおもしろかったよ。

3 それだけだよ。

解説 How was it? の it は男の子が見たと言っている a movie about birds「鳥についての映画」を指していて，その映画がどうだったかをたずねています。interesting「おもしろい」と映画の感想を述べている **2** が正解です。

No. 7 解答 1

放送文 ★：I went to the shopping mall today.

☆：Did you buy anything?

★：Yes. These gloves.

1 They're nice. 2 I'll find them.

3 It's closed today.

放送文の訳 ★：「今日，ショッピングモールへ行ったんだ」

☆：「何か買ったの？」

★：「うん。この手袋だよ」

1 それはすてきね。 2 私はそれを見つけるわ。

3 今日は閉まっているわ。

解説 shopping mall「ショッピングモール」で何か買ったかをたずねられた男の子は，These gloves.「この手袋」と答えています。その後の女性の発話として適切なのは，その手袋が nice「すてき」だと言っている **1** です。

No.8 解答 1

放送文 ★：Are you looking for a cap?

☆：Yes. I want a white one.

★：This one is only $10.

1 I'll take it. 2 I think so.

3 I can show you.

放送文の訳 ★：「帽子をお探しですか」

☆：「はい。白い帽子がほしいんです」

★：「この帽子はたったの 10 ドルです」

1 それをいただきます。 2 私はそう思います。

3 あなたにお見せできます。

解説 2 回出てくる one は，いずれも cap「帽子」のかわりに使われています。a white one がほしいという女性に，男性店員は This one is only $10. と 10 ドルの帽子をすすめています。それにつながるのは **1** の I'll take it. で，「それをいただきます[買います]」という意味です。

No.9 解答 3

放送文 ★：Let's buy some flowers for your mother.

☆：Good idea.

★：Is there a flower shop near here?

1 I bought 12 roses.

2 They're very pretty.

3 There's one by the supermarket.

放送文の訳 ★：**「君のお母さんに花を買おうよ」**

☆：**「いい考えね」**

★：**「この近くに花屋はあるかな？」**

1 私は 12 本のバラを買ったわ。

2 それらはとてもすてきだわ。

3 スーパーマーケットの近くに 1 つあるわ。

解説 Is there ～? は「～はありますか」という意味で，男性はこの近くに a flower shop「花屋」があるかどうかをたずねています。There's one「1つ（花屋が）ある」by the supermarket「スーパーマーケットの近くに」と花屋がある場所を答えている **3** が正解です。There's は There is の短縮形で，one は a flower shop を指します。

No. 10 解答 3

放送文 ★：Do you have any pets?

☆：Yes, I have two hamsters.

★：Where are they?

1 They're 10 months old. **2** They like carrots.

3 They're in my bedroom.

放送文の訳 ★：**「何かペットを飼ってる？」**

☆：**「ええ，ハムスターを 2 匹飼っているわ」**

★：**「どこにいるの？」**

1 生後 10 カ月よ。 **2 ニンジンが好きよ。**

3 私の寝室にいるわ。

解説 Where are they? の they は two hamsters「2 匹のハムスター」を指していて，男の子は女の子が飼っているハムスターがどこにいるかをたずねています。in my bedroom「私の寝室に」と場所を答えている **3** が正解です。

No. 11 解答 2

放送文 ★：Mom, I need to go to school early tomorrow.
☆：Why?
★：I have band practice for the concert.
☆：OK.
Question: Why does the boy have to go to school early tomorrow?

放送文の訳 ★：「お母さん，明日は早く学校へ行く必要があるんだ」
☆：「どうして？」
★：「コンサートに向けてバンドの練習があるんだ」
☆：「わかったわ」

質問の訳 「男の子はなぜ明日早く学校へ行かなければなりませんか」

選択肢の訳
1 コンサートを見るため。
2 バンドといっしょに練習するため。
3 宿題をするため。
4 自分の教室を掃除するため。

解 説 男の子の発話の need to ～ と質問の have to ～ はどちらも「～する必要がある」という意味です。明日早く学校へ行く必要がある理由について，男の子は I have band practice for the concert. と言っています。この practice は「練習」という名詞ですが，正解の **2** では「練習する」という動詞として使われています。

No. 12 解答 1

放送文 ☆：I'm sorry I'm late, Dad.
★：Did you take the bus?
☆：No. It didn't come, so I walked home.
★：Next time, call me. I'll pick you up.
Question: Why was the girl late?

放送文の訳 ☆：「遅くなってごめんなさい，お父さん」

★：「バスに乗ったの？」
☆：「ううん。バスが来なかったから，歩いて家に帰ってきたわ」
★：「次のときは電話してね。車で迎えに行くよ」

質問の訳　「女の子はなぜ遅くなりましたか」

選択肢の訳
1　バスが来なかった。
2　電車が止まった。
3　彼女は自分の電話を見つけることができなかった。
4　彼女はバスを乗り間違えた。

解　説　父親の Did you take the bus? に，女の子は No. と答えた後，It didn't come, so I walked home. と言っています。It は the bus を指していて，バスが来なかったので walked home「歩いて家に帰ってきた」と遅くなった理由を説明しています。

No. 13 解答 4

放送文
★：Marcy, walk the dog.
☆：Can I do it after lunch? I'm watching TV now.
★：No, we're going to visit Grandpa then.
☆：OK, I'll do it.
Question: What is Marcy doing now?

放送文の訳
★：「マーシー，犬を散歩させなさい」
☆：「昼食後にそうしてもいい？　今，テレビを見ているの」
★：「だめだよ，そのとき私たちはおじいちゃんのところへ行くからね」
☆：「わかったわ，そうするわ」

質問の訳　「マーシーは今，何をしていますか」

選択肢の訳
1　祖父をたずねている。
2　犬を散歩させている。
3　昼食を作っている。
4　テレビを見ている。

解　説　walk the dog は「犬を散歩させる」という意味です。男性から犬を散歩させるように言われたマーシーは，Can I do it after lunch? に続けて，今していることを I'm watching TV now. と言っています。**1** の Visiting her grandfather. は昼食後にすることです。

No. 14 解答 ②

放送文 ★ : Do you want to play tennis?
☆ : I left my racket at school.
★ : That's OK. You can use my mom's.
☆ : Great, thanks.
Question: Whose tennis racket will the girl use?

放送文の訳 ★ :「テニスをしない？」
☆ :「学校に私のラケットを置いてきちゃったわ」
★ :「大丈夫だよ。ぼくのお母さんのラケットを使えるよ」
☆ :「よかった，ありがとう」

質問の訳 「女の子はだれのテニスラケットを使いますか」

選択肢の訳
1 男の子の（テニスラケット）。
2 男の子の母親の（テニスラケット）。
3 彼女自身の（テニスラケット）。
4 彼女の母親の（テニスラケット）。

解説 left は leave「～を置き忘れる」の過去形です。女の子がラケットを学校に置いてきたということを聞いて，男の子は That's OK. に続けて You can use my mom's. と言っています。my mom's は my mom's racket「ぼくのお母さんのラケット」ということです。

No. 15 解答 ②

放送文 ★ : Mom, do you know Uncle Bill's address?
☆ : Yes. Why?
★ : I want to send him a birthday card.
☆ : That's nice of you.
Question: What does the boy want to do?

放送文の訳 ★ :「お母さん，ビルおじさんの住所を知ってる？」
☆ :「ええ。どうして？」
★ :「おじさんに誕生日カードを送りたいんだ」
☆ :「やさしいのね」

質問の訳 「男の子は何をしたいのですか」

選択肢の訳
1 地図を買う。
2 カードを送る。

3　おじに電話する。　　　　4　コンピューターを使う。

解説　男の子から Uncle Bill's address「ビルおじさんの住所」を知っているかどうかたずねられた母親は，Why? とその理由をたずねています。これに対して男の子は，I want to send him a birthday card. と説明しています。〈send＋(人)＋(物)〉で「(人) に (物) を送る」の意味になります。母親の発話の That's nice of you. の nice は「思いやりがある，親切な」という意味です。

No. 16 解答 3

放送文
★：Hello?
☆：Hi, Mike. Are you watching the basketball game on TV?
★：Of course.
☆：Jaylen Porter is playing very well.
★：Yes, he is.
Question: What are they talking about?

放送文の訳
★：「もしもし？」
☆：「もしもし，マイク。テレビでバスケットボールの試合を見てる？」
★：「もちろん」
☆：「ジェイレン・ポーターがとてもいいプレーをしているわ」
★：「うん，そうだね」

質問の訳　「彼らは何について話していますか」

選択肢の訳
1　彼らのバスケットボールのコーチ。
2　彼らの新しいテレビ。
3　バスケットボールの試合。
4　新しい先生。

解説　女の子の Are you watching the basketball game on TV? の聞き取りがポイントです。watch ～ on TV は「テレビで～を見る」という意味です。これ以降，2人はテレビで見ている basketball game「バスケットボールの試合」について話しています。

No. 17 解答 3

放送文
☆：What did you do today, Tim?

★：I went to the shopping center to buy a notebook.

☆：Is it for school?

★：Yes, for Spanish class.

Question: Why did Tim go to the shopping center?

放送文の訳 ☆：「今日は何をしたの，ティム？」

★：「ノートを買いにショッピングセンターへ行ったよ」

☆：「それは学校用なの？」

★：「うん，スペイン語の授業用だよ」

質問の訳 「ティムはなぜショッピングセンターへ行きましたか」

選択肢の訳 1 クラスメートに会うため。 2 母親に会うため。

3 ノートを買うため。 4 スペインの食品を買うため。

解説 ティムは今日したことについて，I went to the shopping center to buy a notebook. と言っています。ここでの〈to＋動詞の原形〉は「～するために」という意味で，to buy 以下が I went to the shopping center の理由を表しています。

No. 18 解答 ❶

放送文 ☆：Happy birthday, Jim.

★：Thanks, Ms. Clark.

☆：Did you get any cards from your classmates?

★：I got one from Maria and one from Sam.

Question: Whose birthday is it today?

放送文の訳 ☆：「誕生日おめでとう，ジム」

★：「ありがとうございます，クラーク先生」

☆：「クラスメートからカードをもらった？」

★：「マリアから１枚とサムから１枚もらいました」

質問の訳 「今日はだれの誕生日ですか」

選択肢の訳 1 ジムの（誕生日）。 2 マリアの（誕生日）。

3 サムの（誕生日）。 4 クラーク先生の（誕生日）。

解説 最初の Happy birthday, Jim.「誕生日おめでとう，ジム」から，今日はジムの誕生日だとわかります。**2** の Maria と **3** の Sam はジムにカードをあげたクラスメート，**4** の Ms. Clark はジムと話している先生なので，いずれも不正解です。

No. 19 解答 4

放送文 ☆：Dad, do you have to work this weekend?
★：Only on Saturday morning.
☆：Can we go to the park on Sunday afternoon?
★：Sure.
Question: When will they go to the park?

放送文の訳 ☆：「お父さん，今週末は仕事をしなくちゃいけないの？」
★：「土曜日の午前中だけだよ」
☆：「私たち，日曜日の午後に公園へ行ける？」
★：「いいよ」

質問の訳 「彼らはいつ公園へ行きますか」

選択肢の訳 **1** 土曜日の午前に。 **2** 土曜日の午後に。
3 日曜日の午前に。 **4** 日曜日の午後に。

解　説 女の子の Can we go to the park on Sunday afternoon? に，父親は Sure.「いいよ，わかった」と答えているので，2人が公園へ行くのは Sunday afternoon「日曜日の午後」です。**1** の On Saturday morning. については，父親は仕事があると言っています。

No. 20 解答 2

放送文 ★：Hello. What would you like?
☆：Two sandwiches and one rice ball, please.
★：Would you like some drinks, too?
☆：Yes. Three bottles of cola.
Question: How many sandwiches does the woman want?

放送文の訳 ★：「いらっしゃいませ。何になさいますか」
☆：「サンドイッチを2つとおにぎりを1つください」
★：「お飲み物もいかがですか」
☆：「はい。コーラを3本」

質問の訳 「女性はサンドイッチをいくつほしいのですか」

選択肢の訳 **1** 1つ。 **2** 2つ。 **3** 3つ。 **4** 4つ。

解　説 男性店員の What would you like? に対する Two sandwiches and one rice ball, please. という答えの Two sandwiches を

しっかりと聞き取ります。one rice ball「おにぎり1つ」や Three bottles of cola.「コーラ3本」を聞いて，**1**や**3**を選んでしまわないように注意します。

リスニング 第3部 問題編 P87〜88

▶MP3 ▶アプリ ▶CD 2 56〜66

No. 21 解答 ②

放送文 Here is your key. Your room number is 205. The restaurant on the second floor is open until ten o'clock. Enjoy your stay.

Question: Where is the man talking?

放送文の訳 「こちらがお客さまのキーです。お部屋番号は205です。2階のレストランは10時まで営業しております。ご滞在をお楽しみください」

質問の訳 「男性はどこで話していますか」

選択肢の訳 **1** 学校で。 **2** ホテルで。 **3** カフェで。 **4** 電車の駅で。

解説 key「キー，かぎ」，room number「部屋番号」，The restaurant on the second floor「2階のレストラン」などから，男性はホテルの従業員で，チェックインした客に部屋や館内のレストランについて案内していることがわかります。

No. 22 解答 ④

放送文 My American friends came to Japan last week. I took them to a sumo tournament. We also went sightseeing, but they enjoyed eating sushi the most.

Question: What did the man's friends enjoy the most?

放送文の訳 「先週，ぼくのアメリカ人の友人たちが日本へやって来ました。ぼくは彼らを相撲の大会へ連れていきました。ぼくたちは観光にも出かけましたが，彼らはすしを食べるのをいちばん楽しみました」

質問の訳 「男性の友人たちは何をいちばん楽しみましたか」

選択肢の訳 **1** 相撲の大会を見ること。 **2** 観光に行くこと。

3　日本の風呂に入ること。　　4　すしを食べること。

解 説　日本へ来たアメリカ人の友人たちといっしょにしたことが説明されていますが，質問では友人たちがいちばん楽しんだことは何かをたずねています。最後の …, but they enjoyed eating sushi the most から，**4** が正解です。〈enjoy＋動詞の～ing 形〉は「～することを楽しむ」という意味です。

No.23 解答 ❸

放送文　My friend Sarah had a party tonight. But I was sick and couldn't go. I stayed at home.

Question: What did the boy do tonight?

放送文の訳　「ぼくの友だちのサラが今夜，パーティーをしました。でも，ぼくは具合が悪くて行けませんでした。ぼくは家にいました」

質問の訳　「男の子は今夜，何をしましたか」

選択肢の訳
1　彼はパーティーへ行った。　　2　彼は友だちをたずねた。
3　彼は家にいた。　　4　彼は病院へ行った。

解 説　2 文目の But I was sick and couldn't go.「でも，ぼくは具合が悪くて（パーティーへ）行けませんでした」から，**1** は不正解です。最後の文の I stayed at home. から正解がわかります。stay at home は「家にいる」という意味です。

No.24 解答 ❶

放送文　This morning, Sally made a doll. Tomorrow, she's going to visit her grandfather. She wants to show him the doll.

Question: What is Sally going to do tomorrow?

放送文の訳　「今朝，サリーは人形を作りました。明日，彼女は祖父をたずねる予定です。彼女は祖父に人形を見せたいと思っています」

質問の訳　「サリーは明日，何をする予定ですか」

選択肢の訳
1　祖父をたずねる。　　2　人形を作る。
3　おもちゃ屋へ行く。　　4　人形を買う。

解 説　1 文目の This morning, Sally made a doll. はサリーが今朝したこと，2 文目の Tomorrow, she's going to visit her grandfather. は彼女が明日することです。〈be going to＋動詞の原形〉は「～

する予定[つもり]だ」という意味です。質問ではサリーの明日の予定をたずねていることに注意します。

No.25 解答 3

放送文 It's my father's birthday today, so I'm making a cake. It's in the oven now, but I just remembered something important. I forgot to use sugar!

Question: What is the girl's problem?

放送文の訳 「今日は私の父の誕生日なので，私はケーキを作っています。今それはオーブンの中にありますが，たった今，大切なことを思い出しました。砂糖を使うのを忘れてしまいました！」

質問の訳 「女の子の問題は何ですか」

選択肢の訳
1 彼女は台所を掃除しなかった。
2 彼女はプレゼントを買わなかった。
3 彼女は砂糖を使うのを忘れた。
4 彼女はケーキを買うのを忘れた。

解 説 I just remembered something important「たった今，大切なことを思い出しました」の具体的な内容は，その後のI forgot to use sugar! で，これが女の子の problem「問題」です。forgot は forget の過去形で，〈forget to＋動詞の原形〉は「～することを忘れる」という意味です。

No.26 解答 1

放送文 Good morning, class. This week, we have some exciting events at school. The speech contest is on Wednesday. And on Friday, a jazz band will perform in the gym.

Question: When is the speech contest?

放送文の訳 「おはようございます，クラスのみなさん。今週，私たちには学校で楽しみな行事がいくつかあります。スピーチコンテストが水曜日にあります。そして金曜日に，ジャズバンドが体育館で演奏します」

質問の訳 「スピーチコンテストはいつですか」

選択肢の訳 1 水曜日に。 2 木曜日に。 3 金曜日に。 4 週末に。

解説 speech contest「スピーチコンテスト」がいつ行われるかについては，The speech contest is on Wednesday. と説明しています。**3** の Friday は，a jazz band「ジャズバンド」が体育館で perform「演奏する」日です。

No. 27 解答 3

放送文 Debra wanted to take her umbrella to school today because it was raining. It wasn't by the front door, so she looked in her father's car. She found it there.

Question: Where was Debra's umbrella?

放送文の訳 **「雨が降っていたので，今日デブラは学校へかさを持っていきたいと思いました。それは玄関のドアのそばになかったので，彼女は父親の車の中を見ました。彼女はそこでそれを見つけました」**

質問の訳 **「デブラのかさはどこにありましたか」**

選択肢の訳
1 学校に。　**2** 玄関のドアのそばに。
3 父親の車の中に。　**4** 彼女の部屋の中に。

解説 She found it there. の found は find「～を見つける」の過去形です。it はデブラが探していた her umbrella「彼女のかさ」，there はその前の文にある in her father's car を指しているので，**3** が正解です。It wasn't by the front door とあるので，**2** は不正解です。

No. 28 解答 1

放送文 Yuka loves cooking. She cooks dinner for her family twice a week. She also makes pancakes for breakfast once a month.

Question: How often does Yuka make pancakes for breakfast?

放送文の訳 **「ユカは料理をすることが大好きです。彼女は週に２回，家族に夕食を作ります。彼女はまた月に１回，朝食にパンケーキを作ります」**

質問の訳 **「ユカはどれくらいの頻度で朝食にパンケーキを作りますか」**

選択肢の訳 **1** 月に１回。　**2** 月に２回。　**3** 週に１回。　**4** 週に２回。

解説 質問の How often ～? は「どれくらいの頻度で～ですか」と回数などをたずねる表現です。She also makes pancakes for breakfast once a month. に正解が含まれています。once は「1回」, a month は「1カ月に」という意味です。twice a week「週に2回」はユカが家族に夕食を作る頻度です。

No. 29 解答 2

放送文 I like making clothes. Last month, I made a sweater and a dress. Next, I'm going to make a scarf for my husband.

Question: What will the woman make next?

放送文の訳 **「私は服を作ることが好きです。先月，セーターとドレスを作りました。次は，夫に襟巻きを作ります」**

質問の訳 **「女性は次に何を作りますか」**

選択肢の訳 **1** セーター。 **2** 襟巻き。 **3** ドレス。 **4** シャツ。

解説 **1** の sweater「セーター」と **3** の dress「ドレス」は，女性が先月作ったものです。Next, I'm going to make a scarf for my husband. から，次に作るのは scarf「襟巻き」だとわかります。for my husband は「私の夫のために」という意味です。

No. 30 解答 4

放送文 Yesterday, Matt's basketball team had a picnic. He took some potato chips, and his friend took some cookies. His coach took many drinks.

Question: What did Matt take to the picnic?

放送文の訳 **「昨日，マットのバスケットボールチームはピクニックをしました。彼はポテトチップを持っていって，彼の友だちはクッキーを持っていきました。彼のコーチはたくさんの飲み物を持っていきました」**

質問の訳 **「マットはピクニックに何を持っていきましたか」**

選択肢の訳 **1** サラダ。 **2** クッキー。 **3** 飲み物。 **4** ポテトチップ。

解説 picnic「ピクニック」に何を持っていったかについて，He（＝Matt）→ some potato chips，his friend → some cookies，His coach → many drinks の各情報を聞き分けるようにします。質問ではマットが何を持っていったかたずねています。

2022-1

解答一覧

筆記

1	(1)	3	(6)	1	(11)	3
	(2)	1	(7)	3	(12)	3
	(3)	2	(8)	1	(13)	1
	(4)	4	(9)	2	(14)	3
	(5)	1	(10)	3	(15)	1
2	(16)	2	(18)	2	(20)	2
	(17)	3	(19)	4		
3	(21)	1	(23)	1	(25)	3
	(22)	1	(24)	4		
4 A	(26)	2	4 B		(28)	3
	(27)	4			(29)	1
					(30)	2
4 C	(31)	2	(33)	1	(35)	4
	(32)	1	(34)	3		

リスニング

第1部	No. 1	3	No. 5	3	No. 9	3
	No. 2	1	No. 6	1	No.10	2
	No. 3	2	No. 7	3		
	No. 4	3	No. 8	1		
第2部	No.11	3	No.15	2	No.19	3
	No.12	2	No.16	4	No.20	2
	No.13	4	No.17	4		
	No.14	1	No.18	1		
第3部	No.21	4	No.25	3	No.29	4
	No.22	3	No.26	1	No.30	3
	No.23	3	No.27	2		
	No.24	2	No.28	1		

筆記 1 問題編 P90～91

(1) 解答 3

訳 A「次の電車が来るまでにどれくらいの時間があるかしら」
B「約5分だよ」
1 道に迷った 2 晴れた 3 次の 4 重い

解説 How much time do we have「どれくらいの時間が（私たちには）ありますか」という文前半の内容と，train「電車」とのつながりから，next「次の」が正解です。before は「～する前に」という意味で，before the next train comes は「次の電車が来るまでに」ということです。

(2) 解答 1

訳 A「今日はどれくらいの時間テニスをしたの？」
B「2時間だよ」
1 ～の間 2 ～以来
3 ～といっしょに 4 ～を通って

解説 How long ～? は「どれくらいの時間～ですか」という意味で，A は B に今日テニスをした時間をたずねています。two hours「2時間」の前にくるのは，時間の長さを表す前置詞の For「～の間」です。

(3) 解答 2

訳 A「うわ，しまった！ 間違った日にちを書いちゃった。君の消しゴムを使ってもいいかな？」
B「いいわよ。はい，どうぞ」
1 ベルト 2 消しゴム 3 コート 4 地図

解説 wrote は write「～を書く」の過去形で，A は the wrong date「間違った日にち」を書いたと言っています。この状況から，B に使ってもいいかどうかたずねているのは eraser「消しゴム」です。Can I ～? は「～してもいいですか」という意味です。

(4) 解答 4

訳　「冬には，カナダのいくつかの都市では気温がとても低いです」

1 故郷　　2 住所　　3 問題　　4 気温

解説　空所の後の is very cold「とても寒いです」とのつながりを考えて，temperature「気温」を選びます。ここでの cold は「(気温が) 低い」という意味で使われています。

(5) 解答 1

訳　「毎年，私は祖母に花を送ります。祖母の誕生日はクリスマスの日です」

1 送る　　2 保つ　　3 信じる　　4 忘れる

解説　空所に入る動詞の目的語が flowers であることと，to my grandmother「私の祖母に」とのつながりから，send「～を送る」が正解です。〈send＋(物)＋to＋(人)〉または〈send＋(人)＋(物)〉で「(人) に (物) を送る」という意味です。

(6) 解答 1

訳　A「とても眠いけど，宿題を終わらせる必要があるんだ」
B「寝て，明日早く起きなさい」

1 眠い　　2 地元の　　3 退屈な　　4 金持ちの

解説　but I need to finish my homework「でも，宿題を終わらせる必要がある」とのつながりを考えて，sleepy「眠い」を選びます。B が Go to bed「寝なさい」と言っていることもヒントになります。wake up は「起きる」という意味です。

(7) 解答 3

訳　A「今週末に買い物に行ける，お母さん？」
B「日曜日に行きましょう。土曜日は忙しいの」

1 速い　　2 弱い　　3 忙しい　　4 注意深い

解説　this weekend「今週末」に go shopping「買い物に行く」ことができるかどうかたずねられた B は，Sunday「日曜日」に行こうと答えているので，Saturday「土曜日」は busy「忙しい」とするのが自然な流れです。

(8) 解答 1

訳 A「走るのが速すぎるよ。スピードを落としてくれる？」
B「わかった」
1 （slow down で）スピードを落とす
2 およそ
3 長く
4 しばしば

解説 too ～ は「～すぎる，あまりに～」という意味で，A は B に対して「走るのが速すぎる」と言っています。このことから，A が B に頼んでいるのは slow down「スピードを落とす」ことだとわかります。

(9) 解答 2

訳 A「テレビを消しなさい。すぐにここへ来て，私の手伝いをして」
B「わかったよ，お母さん」
1 ～として
2 （at once で）すぐに
3 ～の中に
4 ～の

解説 空所の後にある once とのつながりを考えて，at once「すぐに」という表現にします。turn off ～ は「（テレビなど）を消す，（スイッチなど）を切る」という意味です。

(10) 解答 3

訳 「バートン先生は学校のコンサートについてよい考えがあります。先生は授業後に私たちに話したいと思っています」
1 方法
2 横，そば
3 （has a good idea for ～ で）～についてよい考えがある
4 米

解説 空所前後にある has a good と for the school concert とをつなぐのは idea で，have a good idea for ～ で「～について[～のための]よい考え[アイディア]がある」という表現になります。after class は「授業後[放課後]に」という意味です。

(11) 解答 3

訳

A「いっしょにニュースを見ようよ，おじいちゃん」

B「ちょっと待ってね。めがねを取ってくるよ」

1 問題

2 レッスン

3 （Just a moment. で）ちょっと待って。

4 ポケット

解説

A の news「ニュース」をいっしょに見ようという提案に，A の祖父である B は最後に I'll get my glasses.「めがねを取ってくる」と言っています。この前の発話として適切なのは，「ちょっと待ってね」を意味する Just a moment. です。

(12) 解答 3

訳

A「君のお兄さん[弟さん]は有名な歌手に似ているね」

B「本当？　彼に伝えるわ」

1 ～の上に

2 ～について

3 （looks like ～ で）～に似ている

4 ～へ

解説

空所前後にある looks と a famous singer「有名な歌手」をつなげることができるのは like で，look like ～ で「～に似ている」という意味の表現になります。

(13) 解答 1

訳

A「どこへ行くの？」

B「ジョーの家でテレビゲームをするんだ」

A「夕食前に帰っておいで」

解説

空所の前に I'm going があることに注目します。〈be going to ＋動詞の原形〉は「～することになっている，～するつもりだ」という意味を表す表現です。**1** の to play が正解です。

(14) 解答 3

訳

「私のおじは人を助けることが好きなので，警察官になりました」

解説 空所には直前の動詞 likes の目的語が入るので，help「～を助ける」の形を変えて，名詞の働きを持つ helping「～を助けること」にする必要があります。police officer は「警察官」です。

(15) 解答 1

訳 A「この帽子を箱にお入れしましょうか，お客さま」
B「はい，お願いします。それは息子へのプレゼントなんです」

解説 店員と客の会話です。客の B が Yes, please.「はい，お願いします」と答えていることから，店員の A の発話として適切なのは Shall I ～?「(私が) ～しましょうか」という申し出をする表現です。

筆記 2 問題編 P92～93

(16) 解答 2

訳 娘「今日，市のプールへ泳ぎに行ったよ」
父親「それは楽しそうだね。バスに乗って行ったの？」
娘「ううん，歩いたわ」

1 それは新しいの？ 2 バスに乗って行ったの？
3 いっしょに行ってもいい？ 4 晴れてた？

解説 娘が the city pool「市のプール」へ泳ぎに行ったことを父親に伝えています。娘の No, I walked.「ううん，歩いたわ」につながる父親の質問は，交通手段についてたずねている **2** の Did you take the bus? です。

(17) 解答 3

訳 息子「ぼくといっしょにこのコンピューターゲームをやりたい，お母さん？」
母親「それはとても難しそうね」
息子「心配しないで。簡単だよ」

1 私も 1 つ買ったわ。
2 私は仕事で 1 つ使うわ。

3　それはとても難しそうね。

4　それは私のお気に入りのゲームよ。

解説　息子は最後に Don't worry. It's easy. と言っているので，直前の母親の発話としては，とても難しそうだと心配している **3** の It looks really difficult. が適切です。It は this computer game を指しています。look(s) ～ は「～のように見える」という意味で使われています。

(18) 解答 2

訳　妻「このカレーは本当においしいわ。もう少し食べてもいい？」
夫「もちろん。はい，どうぞ」

1　どうやってそれを作ったの？

2　もう少し食べてもいい？

3　それはいくらだったの？

4　私のかわりにそれをしてくれる？

解説　妻の This curry is really delicious. から，カレーを食べている場面だとわかります。夫の言った Here you are. は相手に何かを差し出すときの表現なので，もう少し食べてもいいかどうかをたずねている **2** が正解です。some more の後に curry が省略されています。

(19) 解答 4

訳　男の子1「英語クラブには何人の生徒がいるの？」
男の子2「約30人だよ」
男の子1「うわー！　それは多いね」

1　たったの5ドルだよ。　　**2**　週に2回だよ。

3　2時45分にね。　　**4**　約30人だよ。

解説　〈How many＋複数形の名詞〉は「何人[いくつ]の」という意味で，男の子1は the English club「英語クラブ」に入っている生徒数をたずねています。人数を答えているのは **4** で，30は30 students ということです。

22年度第1回　筆記

(20) 解答 2

訳 母親「何か食べたい，クリス？」
息子「うん，お願い。ポテトチップスを食べたいな」

1 ぼくのを使っていいよ。 2 ポテトチップスを食べたいな。
3 それはスーパーの近くだよ。 4 彼女に質問してみるよ。

解説 母親は息子に something to eat「何か食べるもの」がほしいか，つまり何か食べたいかたずねています。息子は Yes, please. と答えているので，その後の発話として適切なのは，I'd like ～「～がほしい」を使って potato chips が食べたいと言っている **2** です。

筆記 3 問題編 P94～95

(21) 解答 1

正しい語順 Please (tell me your new address).

解説 「～してください」は〈Please＋動詞の原形〉で始めます。動詞の tell は〈tell＋(人)＋(事)〉「(人) に (事) を教える[話す]」の形で使われるので，tell me の後に，「あなたの新しい住所」your new address を続けます。

(22) 解答 1

正しい語順 Mr. Smith, (do we need a calculator for) the math test?

解説 「私たちは～が必要ですか」という疑問文なので，do we need ～ という語順になります。need「～が必要だ」の後は，その目的語になる a calculator「電卓」を続けます。「数学のテストに」は「数学のテストのために」と考えて，for を the math test とつなげます。

(23) 解答 1

正しい語順 Let's (stop practicing the piano and have) some tea.

解説 日本文を「ピアノの練習を止めましょう」+「お茶にしましょう」と

考えて，前半は Let's stop ～「～を止めましょう」で始めます。「ピアノの練習」は「ピアノの練習をすること」と考えて，practicing the piano とします。この後に，後半を続けるための and を置いて，have「(飲食物）を食べる，飲む」を文末の some tea とつなげます。

(24) 解答 4

正しい語順 (Is Meg a member of the drama club)?

解説 「メグは～ですか」という疑問文なので，〈be 動詞＋主語〉の語順で Is Meg ～ で文を始めます。次に，「～のメンバー」を a member of ～ で表します。of の後に，「演劇部」を意味する the drama club を続けます。

(25) 解答 3

正しい語順 We went to (see the baseball game between Japan and) the United States.

解説 went to の後に動詞の see を続けて，went to see ～「～を見に行った」とします。see の後には，その目的語になる the baseball game「野球の試合」を続けます。「日本対アメリカの」は between *A* and *B*「A と B の間の」を使って，between Japan and を文末の the United States とつなげます。

筆記 4A

問題編 P96～97

全訳

すてきな音楽の夜をお楽しみください

キングストン高校のギタークラブがコンサートを催します。

日にち： 5月3日 土曜日
時間： 午後6時から午後8時
場所： 学校の体育館
チケット：生徒は5ドル
親は10ドル

コンサートの後に，みなさんには学校のカフェテリアで軽食と飲み物をお召し上がりいただけます。体育館は午後5時に開館します。

(26) 解答 2

質問の訳　「生徒のチケットはいくらですか」

選択肢の訳　1　2ドル。　2　5ドル。　3　7ドル。　4　10ドル。

解　説　How much is ～? は「～はいくらですか」という意味で，値段をたずねる表現です。a ticket for students「生徒のチケット」については，お知らせの Tickets の部分に $5 for students「生徒は5ドル」と書かれています。

(27) 解答 4

質問の訳　「人々はコンサートの後に何をすることができますか」

選択肢の訳
1　ギターを弾く。
2　学校の体育館で走る。
3　CDを聞く。
4　カフェテリアで食べたり飲んだりする。

解　説　質問の after the concert「コンサートの後に」に注目します。お知らせの下部に，Everyone can have some snacks and drinks in the school cafeteria after the concert. と書かれています。have のかわりに，正解の **4** では eat and drink が使われています。

筆記　4B　問題編 P98～99

全　訳　差出人：デイビッド・プライス
受取人：エル・プライス
日付：8月10日
件名：宿題

おばあちゃんへ，
先週の海辺への旅行はどうだった？　手伝ってくれる？　昔の家族写真が必要なんだ。歴史の授業でそれを使いたいんだ。おばあちゃんはたくさん写真を持っているよね。今週の土曜日におばあちゃんのところへ行って，写真を何枚かもらえないかな。ぼくはお父さんの写真が好きなんだ。お父さんは当時若かったね。

愛を込めて，

デイビッド

差出人：エル・プライス

受取人：デイビッド・プライス

日付：8月11日

件名：あなたの訪問

こんにちは，デイビッド，

旅行は本当に楽しかったわ。私は土曜日は買い物に行くけど，あなたは日曜日の午後に来ていいわよ。それと，そのときに菜園で私の手伝いをしてくれない？　トマトを育てているの。いくつか収穫できるから，あなたにトマトスープを作るわ。あなたはいくつかトマトを家に持って帰って，お母さんにあげられるわよ。お母さんはそれを使ってサラダを作れるわ。

愛を込めて，

おばあちゃん

(28) 解答 3

質問の訳　「デイビッドがする必要があるのは」

選択肢の訳
1　歴史の本を読む。　2　新しいカメラを買う。
3　家族写真を手に入れる。　4　自分の父親の絵を描く。

解説　デイビッドは最初のEメールの3文目に，I need some old family photos. と書いています。photos は photo「写真」の複数形で，family photos は「家族写真」という意味です。

(29) 解答 1

質問の訳　「デイビッドの祖母は土曜日に何をしますか」

選択肢の訳
1　買い物に行く。　2　海辺へ旅行に行く。
3　サラダを作る。　4　デイビッドの家をたずねる。

解説　質問の on Saturday に注目します。デイビッドの祖母であるエル・プライスが土曜日に何をするかは，2番目のEメールの2文目に，I'll go shopping on Saturday と書かれています。

(30) 解答 2

質問の訳　「デイビッドの祖母はデイビッドに何と言っていますか」

選択肢の訳
1 彼女はデイビッドに昼食を買う。
2 彼女はデイビッドにトマトスープを作る。
3 彼女はトマトが好きではない。
4 彼女はデイビッドの母親と話したい。

解説　デイビッドの祖母は2番目のEメールの5文目に，We can pick some, and I'll make tomato soup for you. と書いています。soup は「スープ」という意味で，for you はこのEメールの受取人であるデイビッドのために，ということです。

筆記 4C

問題編 P100〜101

全訳

新しい友だち

サムは大学1年生です。彼の大学は家から遠いので，普段週末は図書館で勉強します。最初，彼は退屈で寂しく感じました。

ある日，サムの歴史の授業に出ている女の子が彼に話しかけてきました。彼女は，「私の名前はミンディーよ。今週末，私と私の友だちといっしょにキャンプに行かない？」と言いました。サムは，「もちろん！」と言いました。

それは，サムにとって初めてキャンプに行く機会でした。金曜日に，彼はミンディーから特別なリュックサックと寝袋を借りました。彼女はサムに，「暖かい服を持ってきてね。私の友だちがテントを持っているわ」と言いました。サムは，「ぼくたちはとてもおなかがすくだろう」と思いました。だから，彼はリュックサックにたくさんの食べ物を入れました。

土曜日に，彼らはレイザー山に歩いて登りました。サムのリュックサックは重かったので，彼は疲れました。ミンディーの友だちはキャンプファイアで夕食を作り，サムがたくさんの食べ物を持ってきたのでみんな喜びました。サムは楽しんで，彼らはまたキャンプに行く計画を立てました。

(31) 解答 2

質問の訳 「サムは普段週末に何をしますか」

選択肢の訳
1 彼は自分の大学で働く。
2 彼は図書館で勉強する。
3 彼は夕食を作る。
4 彼はミンディーの家に泊まる。

解説 on weekends は「週末に」という意味です。サムが普段週末に何をするかは，第1段落の2文目後半に，..., so he usually studies at the library on weekends. と書かれています。

(32) 解答 1

質問の訳 「金曜日に，サムは」

選択肢の訳
1 ミンディーからリュックサックと寝袋を借りた。
2 ミンディーと彼女の友だちに昼食を作った。
3 ミンディーといっしょに歴史のテストのために勉強した。
4 ミンディーの友だちといっしょに買い物に行った。

解説 サムが Friday「金曜日」に何をしたかは，第3段落の2文目に，On Friday, he borrowed a special backpack and a sleeping bag from Mindy. と書かれています。borrowed は borrow「～を借りる」の過去形です。

(33) 解答 1

質問の訳 「ミンディーはサムに何と言いましたか」

選択肢の訳
1 彼は暖かい服を持ってきたほうがいい。
2 彼は新しいテントを買ったほうがいい。
3 彼は靴を手に入れたほうがいい。
4 彼は地図を手に入れたほうがいい。

解説 第3段落の3文目に，She told Sam, "Bring some warm clothes. My friends have tents." とあります。She は Mindy を指していて，told は tell「(人)に話す」の過去形です。各選択肢の should は「～したほうがいい，～すべきだ」という意味です。

(34) 解答 3

質問の訳　「サムはなぜ疲れましたか」

選択肢の訳
1 彼はあまりよく眠らなかった。
2 彼は十分に食べ物を食べなかった。
3 彼のリュックサックが重かった。
4 山がとても大きかった。

解　説　tired は「疲れた」という意味です。サムが疲れた理由については，第 4 段落の 2 文目に，Sam's backpack was heavy, so he was tired. と書かれています。～, so …「～（原因・理由），だから…(結果)」の構文に注意しましょう。

(35) 解答 4

質問の訳　「ミンディーと彼女の友人たちはなぜ喜びましたか」

選択肢の訳
1 サムが彼女たちに昼食を作った。
2 サムがキャンプファイアを始めた。
3 サムがパーティーの計画を立てた。
4 サムがたくさんの食べ物を持ってきた。

解　説　第 4 段落の 3 文目後半に，…, and everyone was happy because Sam brought a lot of food. とあり，everyone「みんな」が喜んだ理由が because 以下で説明されています。brought は bring「～を持ってくる」の過去形です。

リスニング　第1部

問題編 P102～104

▶MP3 ▶アプリ ▶CD 3 1～11

[例題] 解答 3

放送文
★：Hi, my name is Yuta.
☆：Hi, I'm Kate.
★：Do you live near here?

1 I'll be there.　　**2** That's it.
3 Yes, I do.

放送文の訳　★：「やあ，ぼくの名前はユウタだよ」

☆：「こんにちは，私はケイトよ」
★：「君はこの近くに住んでいるの？」

1 私はそこへ行くわ。　**2** それだけよ。
3 ええ，そうよ。

No. 1 解答 ❸

放送文 ☆：Look at my new ring.
★：Was it a present?
☆：No. I bought it.

1 More than 50 dollars.　**2** You're welcome.
3 It's pretty.

放送文の訳 ☆：「私の新しい指輪を見て」
★：「それはプレゼントだったの？」
☆：「ううん。私が買ったのよ」

1 50 ドル以上だね。　**2** どういたしまして。
3 すてきだね。

解説 女性が my new ring「私の新しい指輪」を男性に見せている場面です。女性の I bought it.「それ（＝指輪）を買った」の後の発話としては，その指輪が pretty「すてきな」だと言っている **3** が自然な流れです。

No. 2 解答 ❶

放送文 ☆：Hello.
★：Hi. Can you clean this shirt by Friday?
☆：Yes. It'll be ready on Thursday.

1 That's great.
2 This is my favorite.
3 I'd like to have my shirt.

放送文の訳 ☆：「いらっしゃいませ」
★：「こんにちは。このシャツを金曜日までにクリーニングしてもらえますか」
☆：「はい。木曜日にご用意できます」

1 それはとても助かります。

2　これは私のお気に入りです。

3　私は自分のシャツがほしいです。

解　説　クリーニング店での会話です。shirt「シャツ」を by Friday「金曜日までに」仕上げてほしいと思っている男性に対して，店員は It'll be ready on Thursday. と木曜日に用意できると答えているので，great「すごい，すばらしい」と言っている **1** が正解です。

No. 3　解答 ②

放送文　☆：What do you do, Peter?

★：I'm a pilot. How about you?

☆：I teach piano to children.

1　In the future.　　2　That sounds like fun.

3　Yes, one daughter.

放送文の訳　☆：「お仕事は何ですか，ピーター？」

★：「ぼくはパイロットです。あなたは？」

☆：「私は子どもたちにピアノを教えています」

1　将来に。　　2　それは楽しそうですね。

3　はい，娘１人です。

解　説　What do you do? は相手の職業などをたずねる表現です。女性の I teach piano to children. に対する応答として適切なのは **2** で，sound(s) like fun は「楽しそうに聞こえる[思える]」という意味です。children は child「子ども」の複数形です。

No. 4　解答 ③

放送文　☆：Dad, look at those birds.

★：They're pretty.

☆：Are they looking for food?

1　I'll try.　　2　I'm hungry.

3　I think so.

放送文の訳　☆：「お父さん，あの鳥たちを見て」

★：「かわいいね」

☆：「食べ物を探しているのかな」

1　やってみるよ。　　2　おなかがすいたな。

3　そう思うよ。

解説　look for ～ は「～を探す」という意味で，女の子の Are they looking for food? は，they＝those birds「あの鳥たち」が食べ物を探しているのかどうかたずねた質問です。これに対して I think so.「そう思う」と答えている **3** が正解です。

No.5　解答 3

放送文　☆：Your birthday is next week, right?

★：Yes, it's on Monday.

☆：Will you have a party?

1　Right, I came late.　**2**　Yes, a new camera.

3　No, not this year.

放送文の訳　☆：「あなたの誕生日は来週よね？」

★：「うん，月曜日だよ」

☆：「パーティーをするの？」

1　そう，ぼくは遅刻したんだ。**2**　うん，新しいカメラだよ。

3　ううん，今年はやらないよ。

解説　女の子の Will you have a party?「（誕生日）パーティーをするの？」の答えになっているのは **3** で，No の後の not this year は I won't have a party this year.「今年はパーティーをしない」を短くした表現です。

No.6　解答 1

放送文　☆：You're walking very slowly today, Steve.

★：I'm sorry, Mom.

☆：Do you feel sick?

1　No, I'm just tired.

2　Yes, it was a race.

3　OK, let's eat something.

放送文の訳　☆：「今日はずいぶんゆっくり歩いているわね，スティーブ」

★：「ごめん，お母さん」

☆：「具合が悪いの？」

1　ううん，疲れているだけなんだ。

2 うん，それはレースだったよ。

3 いいよ，何か食べよう。

解 説 スティーブがとてもゆっくり歩いているので，母親は Do you feel sick? と具合が悪いのかどうかたずねています。これに対して，No の後に I'm just tired「疲れているだけなんだ」と答えている **1** が正解です。

No.7 解答 3

放送文 ☆：Do you want to play video games today?

★：Of course.

☆：Can you come to my house at ten?

1 Yes, I know that game.

2 No, I didn't win.

3 OK, see you soon.

放送文の訳 ☆：「今日，テレビゲームをしたい？」

★：「もちろん」

☆：「10 時に私の家に来られる？」

1 うん，ぼくはそのゲームを知ってるよ。

2 ううん，ぼくは勝たなかったよ。

3 わかった，じゃあまた後でね。

解 説 女の子の Can you come to my house at ten?「10 時に私の家に来られる？」に，**1** は Yes，**2** は No で答えていますが，いずれもそれ以降が質問の内容に合っていません。正解の **3** では，OK の後に，see you soon「じゃあまた後で」と言っています。

No.8 解答 1

放送文 ★：I need a new notebook.

☆：OK. Let's go to the bookstore.

★：Where is it?

1 There's one on the second floor.

2 Yes, it's very good.

3 I bought one yesterday.

放送文の訳 ★：「ぼくは新しいノートが必要なんだ」

☆：「わかったわ。書店に行きましょう」

★：「それはどこにあるの？」

1　2階に1店あるわ。

2　ええ，それはとてもいいわ。

3　私は昨日1つ買ったわ。

解説　男の子の Where is it? は，bookstore「書店」がどこにあるかをたずねた質問です。具体的に on the second floor「2階に」と場所を答えている **1** が正解です。one は a bookstore のかわりに使われています。

No.9　解答 ❸

放送文　★：Wow, that's a nice jacket, Mary.

☆：Thanks!

★：When did you buy it?

1　My mother.　　**2**　Red and blue.

3　Last Sunday.

放送文の訳　★：「わあ，それはすてきなジャケットだね，メアリー」

☆：「ありがとう！」

★：「いつそれを買ったの？」

1　私の母よ。　　**2**　赤と青よ。

3　先週の日曜日よ。

解説　質問の When「いつ」は時をたずねる疑問詞で，it はメアリーが着ている jacket「ジャケット」を指しています。ジャケットをいつ買ったか答えているのは **3** で，〈last＋曜日〉は「先週の〜曜日」という意味です。

No.10　解答 ❷

放送文　★：Let's travel to another country next summer.

☆：Great idea.

★：Where do you want to go?

1　For two weeks.　　**2**　China or Japan.

3　In my suitcase.

放送文の訳　★：「来年の夏に外国へ旅行しようよ」

☆：「とてもよい考えね」

★：「どこへ行きたい？」

1　2週間よ。　　　　2　中国か日本ね。

3　私のスーツケースの中よ。

解説　来年の夏に another country「外国」へ旅行することについて話しています。質問の Where「どこへ」は場所をたずねる疑問詞なので，China or Japan.「中国か日本」と自分が行きたい国を答えている **2** が正解です。

リスニング　第2部　問題編 P104～105

No. 11 解答 3

放送文

☆：Is that a picture of Osaka?

★：Yes. I lived there when I was younger.

☆：Really?

★：Yeah. My grandparents still live there now.

Question: Who lives in Osaka now?

放送文の訳

☆：「それは大阪の写真なの？」

★：「うん。もっと小さかった頃，そこに住んでいたんだ」

☆：「本当？」

★：「そうだよ。ぼくの祖父母は今でもそこに住んでいるよ」

質問の訳　「今，大阪にだれが住んでいますか」

選択肢の訳

1　男の子。　　　　2　女の子。

3　男の子の祖父母。　　　　4　女の子の祖父母。

解説　男の子の I lived there when I was younger. の there「そこに」は「大阪に」ということですが，今ではなくもっと小さかった頃のことなので，**1** は不正解です。最後の My grandparents still live there now. から，**3** が正解です。still は「今でも，まだ」という意味です。

No. 12 解答 ②

放送文 ★ : Mom, Sarah's cat had five babies.

☆ : Wow!

★ : Can I have one?

☆ : Let's ask Dad.

Question: What does the boy want to do?

放送文の訳 ★ :「お母さん，サラの猫が5匹の赤ちゃんを産んだよ」

☆ :「まあ！」

★ :「1匹もらってもいい？」

☆ :「お父さんに聞いてみましょう」

質問の訳 「男の子は何をしたいと思っていますか」

選択肢の訳 **1** 動物園をたずねる。 **2** ペットの猫を手に入れる。

3 友だちと遊ぶ。 **4** 店に行く。

解 説 男の子の Can I have one? の Can I ～? は「～してもいいですか」という意味で，one は a baby「(サラの猫が産んだ5匹の赤ちゃんのうちの) 1匹の赤ちゃん」のことです。これを，正解の **2** では a pet cat「ペットの猫」と表現しています。

No. 13 解答 ④

放送文 ☆ : You look tired, Billy.

★ : I am.

☆ : Did you go to bed late last night?

★ : No, I got up early this morning to walk my dog.

Question: Why is Billy tired?

放送文の訳 ☆ :「疲れているみたいね，ビリー」

★ :「そうなんだ」

☆ :「昨夜遅くに寝たの？」

★ :「ううん，犬を散歩させるために今朝早起きしたんだ」

質問の訳 「ビリーはなぜ疲れていますか」

選択肢の訳 **1** 彼は昨夜遅くに寝た。 **2** 彼は犬を洗った。

3 彼は走りに出かけた。 **4** 彼は今朝早起きした。

解 説 Did you go to bed late last night? にビリーは No と答えているので，**1** は不正解です。No の後の I got up early this morning to walk my dog に正解が含まれています。walk *one*'s dog は「犬を散歩させる」という意味です。

No. 14 解答 ①

放送文 ★：Mom, I need a suit.
☆：Why?
★：I'm going to sing in the school concert next Wednesday.
☆：OK. We can go shopping on Saturday.
Question: What will the boy do next Wednesday?

放送文の訳 ★：「お母さん，ぼくはスーツが必要なんだ」
☆：「どうして？」
★：「来週の水曜日に，学校のコンサートで歌うんだ」
☆：「わかったわ。私たちは土曜日に買い物に行けるわ」

質問の訳 「男の子は来週の水曜日に何をしますか」

選択肢の訳 **1** コンサートで歌う。 **2** 買い物に行く。
3 映画を見る。 **4** ジャケットを買う。

解説 質問では，男の子が next Wednesday に何をするかたずねています。男の子の I'm going to sing in the school concert next Wednesday. から，**1** が正解です。母親の We can go shopping on Saturday. を聞いて **2** を選んでしまわないように気をつけます。

No. 15 解答 ②

放送文 ★：Look at that beautiful boat.
☆：Wow. Let's take a photo. Where's your camera?
★：In my bag. Where's yours?
☆：I left it in the car.
Question: Where is the woman's camera?

放送文の訳 ★：「あのきれいなボートを見て」
☆：「まあ。写真を撮りましょう。あなたのカメラはどこにあるの？」
★：「ぼくのかばんの中だよ。君のはどこ？」
☆：「車の中に置いてきちゃったわ」

質問の訳 「女性のカメラはどこにありますか」

選択肢の訳 **1** 男性のかばんの中に。 **2** 車の中に。

3　家に。　　　　　　　　4　ボートの中に。

解　説　男性の Where's yours? は Where's your camera? ということで，この質問に女性は I left it in the car. と答えています。left は leave「～を置き忘れる」の過去形です。In my bag. は男性が自分のカメラがある場所を答えた発話なので，それにつられて**1**を選ばないように注意します。

No.16 解答 4

放送文　☆：How was your math test, Tom?
★：Not bad. There were only ten questions.
☆：Were they difficult?
★：Eight were easy, and two were difficult.
Question: How many questions were on the test?

放送文の訳　☆：「数学のテストはどうだった，トム？」
★：「悪くはなかったよ。10 問しかなかったんだ」
☆：「それは難しかった？」
★：「8 問は簡単で，2 問は難しかったよ」

質問の訳　「テストには何問の問題がありましたか」

選択肢の訳　1　2 問。　　2　6 問。　　3　8 問。　　4　10 問。

解　説　How many ～ は「いくつの～」という意味で，質問では数学のテストの問題数をたずねています。男の子の There were only ten questions. から，**4** が正解です。**1** の Two. は difficult だった問題数，**3** の Eight. は easy だった問題数です。

No.17 解答 4

放送文　☆：Oh no! My blue pen is broken.
★：You can use mine.
☆：Thanks.
★：It's in my locker. I'll get it now.
Question: What is the girl's problem?

放送文の訳　☆：「困ったわ！　私の青色のペンが壊れているわ」
★：「ぼくのを使っていいよ」
☆：「ありがとう」

★：「ぼくのロッカーの中にあるんだ。今取ってくるね」

質問の訳　「女の子の問題は何ですか」

選択肢の訳　1　彼女は自分の宿題をやらなかった。
2　彼女は自分のロッカーを見つけられない。
3　彼女の青色のジャケットが汚れている。
4　彼女のペンが壊れている。

解説　the girl's problem「女の子の問題」が何かは，最初の Oh no! My blue pen is broken. からわかります。broken は「壊れた，故障した」という意味です。

No. 18 解答 1

放送文 ★：Mom, can I borrow your book about Japanese art?
☆：Do you need it for a school report?
★：No, I just like looking at the pictures.
☆：OK.
Question: What are they talking about?

放送文の訳 ★：「お母さん，お母さんの日本美術に関する本を借りてもいい？」
☆：「学校のレポートにそれが必要なの？」
★：「ううん，その本の絵[写真]を見るのが好きなだけだよ」
☆：「いいわよ」

質問の訳　「彼らは何について話していますか」

選択肢の訳　1　本。　2　美術館。
3　旅行。　4　学校の図書館。

解説　最初の Mom, can I borrow your book about Japanese art? に話題が含まれています。borrow は「～を借りる」，Japanese art は「日本美術」という意味です。I just like looking at the pictures. は，男の子が母親から本を借りたい理由です。

No. 19 解答 3

放送文 ☆：Dad, can we have curry for lunch?
★：We had curry yesterday. Let's have pizza.
☆：I don't like pizza. How about spaghetti?
★：OK.

Question: What will they eat for lunch today?

放送文の訳 ☆：「お父さん，昼食にカレーを食べられるかしら」

★：「昨日カレーを食べたよ。ピザを食べようよ」

☆：「ピザは好きじゃないわ。スパゲティはどう？」

★：「いいよ」

質問の訳 「彼らは今日の昼食に何を食べますか」

選択肢の訳 1 スープ。 2 ピザ。 3 スパゲティ。 4 カレー。

解説 娘の Dad, can we have curry for lunch? に対して，父親は昨日カレーを食べたので Let's have pizza. と言っています。娘はピザが好きではないので，How about spaghetti?「スパゲティはどう？」と提案をし，これに父親は OK. と答えています。How about ～? は「～はどうですか」と提案する表現です。

No. 20 解答 ②

放送文 ★：Your Halloween party is on Sunday, right?

☆：Yes. It starts at 4:30.

★：I have to go home at six.

☆：That's fine.

Question: When will the party start?

放送文の訳 ★：「君のハロウィーンのパーティーは日曜日だよね？」

☆：「そうよ。4時30分に始まるわ」

★：「ぼくは6時に家に帰らなくちゃいけないんだ」

☆：「それでかまわないわよ」

質問の訳 「パーティーはいつ始まりますか」

選択肢の訳 1 4時に。 2 4時30分に。

3 6時に。 4 6時30分に。

解説 女の子の Halloween party「ハロウィーンのパーティー」が話題です。このパーティーについて，女の子は It starts at 4:30 (= four thirty). と言っているので，**2** が正解です。**3** の 6:00 は，男の子が家に帰らなくてはならない時刻です。

No. 21 解答 4

放送文　I grow vegetables in my garden. In summer, I can get many tomatoes. I use them when I cook. Sometimes, I give them to my friends.

Question: Where does the woman get her tomatoes?

放送文の訳　「私は自分の菜園で野菜を育てています。夏には，たくさんのトマトを収穫できます。料理をするときに，それらを使います。ときどき，友だちにトマトをあげます」

質問の訳　「女性はどこでトマトを手に入れますか」

選択肢の訳　1　スーパーマーケットから。　2　彼女の友だちから。
3　彼女の両親から。　4　彼女の菜園から。

解　説　1文目のI grow vegetables in my garden.から，菜園でvegetables「野菜」を育てていること，さらに2文目のIn summer, I can get many tomatoes.から，夏には（菜園で）tomatoes「トマト」を収穫できることがわかります。

No. 22 解答 3

放送文　My sister's birthday is on Sunday. My parents will give her a new smartphone, and I'll buy her a phone case. My grandfather will make a cake for her.

Question: What will the boy buy for his sister's birthday?

放送文の訳　「ぼくの姉[妹]の誕生日は日曜日です。ぼくの両親は彼女に新しいスマートフォンをあげて，ぼくは電話ケースを買ってあげるつもりです。祖父は彼女にケーキを作ります」

質問の訳　「男の子は自分の姉[妹]の誕生日に何を買いますか」

選択肢の訳　1　スマートフォン。　2　ケーキ。
3　電話ケース。　4　本。

解　説　My sister's birthdayが話題です。両親→give her a new smartphone「彼女に新しいスマートフォンをあげる」，自分

→ buy her a phone case「彼女に電話ケースを買う」, 祖父 → make a cake for her「彼女にケーキを作る」の各情報を聞き分けることがポイントです。

No. 23 解答 3

放送文 I'll go to Hawaii next Friday for my vacation. Last night, I took out my suitcase, but it was broken. I'll buy a new one tomorrow.

Question: When will the woman go to Hawaii?

放送文の訳 **「私は次の金曜日に休暇でハワイへ行きます。昨夜，スーツケースを取り出しましたが，それは壊れていました。明日，新しいものを買います」**

質問の訳 **「女性はいつハワイへ行きますか」**

選択肢の訳
1 今夜。 **2 明日の夜。**
3 次の金曜日。 **4 来年。**

解説 1文目の I'll go to Hawaii next Friday for my vacation. から，ハワイへ行くのは next Friday だとわかります。スーツケースを取り出した Last night や，a new one「新しいもの（＝スーツケース）」を買う tomorrow と混同しないように注意しましょう。

No. 24 解答 2

放送文 Yesterday, my mom was in a swimming race. I went to watch it with my dad and my brother. We were so happy when she won.

Question: Who won the swimming race?

放送文の訳 **「昨日，私のお母さんは競泳に出場しました。私はお父さんと兄[弟]といっしょにそれを見に行きました。お母さんが勝ったとき，私たちはとても喜びました」**

質問の訳 **「だれが競泳で勝ちましたか」**

選択肢の訳
1 女の子。 **2 女の子の母親。**
3 女の子の父親。 **4 女の子の兄[弟]。**

解説 1文目の Yesterday, my mom was in a swimming race. から女の子の母親が a swimming race「競泳」に出場したこと，さら

に，最後の We were so happy when she won. から母親が勝ったことがわかります。won は win「勝つ，優勝する」の過去形です。

No. 25 解答 ③

放送文　Emily's friends are going to go fishing this afternoon. Emily can't go because she has to get ready for her school trip.

Question: What does Emily have to do today?

放送文の訳　**「エミリーの友人たちは今日の午後，釣りに行きます。エミリーは修学旅行の準備をしなければならないので，行くことができません」**

質問の訳　**「エミリーは今日，何をしなければなりませんか」**

選択肢の訳　**1　釣りに行く。**　**2　友人たちへのカードを作る。**
3　旅行の準備をする。　**4　早く学校へ行く。**

解　説　**1** の Go fishing. は Emily's friends がすることで，2文目に Emily can't go とあるので **1** は不正解です。エミリーが行けない理由である she has to get ready for her school trip に正解が含まれています。get ready for ～ は「～の準備をする」という意味です。

No. 26 解答 ①

放送文　I like taking photos in my free time. I often take photos of flowers and trees. I also take many photos at my brother's soccer games.

Question: What is the boy talking about?

放送文の訳　**「ぼくは時間があるときに写真を撮ることが好きです。よく花や木の写真を撮ります。兄[弟]のサッカーの試合でも写真をたくさん撮ります」**

質問の訳　**「男の子は何について話していますか」**

選択肢の訳　**1　彼の趣味。**　**2　彼の美術の授業。**
3　彼の大好きなスポーツ。　**4　彼の兄[弟]のカメラ。**

解　説　最初の I like taking photos in my free time. で話題が示されて

います。take photos は「写真を撮る」, in *one's* free time は「時間があるときに」という意味です。like ～ing「～することが好きだ」という内容を，正解の **1** では hobby「趣味」という名詞を使って表現しています。

No. 27 解答 ②

放送文　I live near my grandparents. I go to their house after school every Tuesday and Thursday. They often come to my house on Sundays.

Question: How often does the girl go to her grandparents' house?

放送文の訳　**「私は祖父母の近くに住んでいます。毎週火曜日と木曜日の放課後に，私は祖父母の家へ行きます。祖父母はよく日曜日に私の家に来ます」**

質問の訳　**「女の子はどれくらいの頻度で祖父母の家へ行きますか」**

選択肢の訳　**1** 週に1回。　**2** 週に2回。　**3** 週に3回。　**4** 毎日。

解説　2文目の I go to their house の their house は，1文目の内容を受けて my grandparents' house ということです。その後の after school every Tuesday and Thursday「毎週火曜日と木曜日の放課後に」から，祖父母の家へ行くのは週2回だとわかります。

No. 28 解答 ①

放送文　Oliver likes cooking. He makes dinner for his family on Wednesdays. On weekends, he cooks breakfast and makes cakes.

Question: What does Oliver do on Wednesdays?

放送文の訳　**「オリバーは料理をすることが好きです。毎週水曜日に，彼は家族に夕食を作ります。週末には，朝食を作って，ケーキを作ります」**

質問の訳　**「オリバーは毎週水曜日に何をしますか」**

選択肢の訳　**1** 彼は夕食を作る。　**2** 彼は朝食を作る。
3 彼はケーキを作る。　**4** 彼はレストランへ行く。

解説　質問では on Wednesdays についてたずねていることに注意しま

22年度第1回　リスニング

す。He makes dinner for his family on Wednesdays. から，**1** が正解です。**2** の cooks breakfast や **3** の makes a cake は，オリバーが On weekends「週末に」することです。

No. 29 解答 ❹

放送文　I'll go to England next year. First, I'll go to London to see some famous buildings. Then, I'll watch a soccer game in Liverpool.

Question: Why will the man go to London?

放送文の訳　**「ぼくは来年，イングランドへ行きます。最初に，いくつかの有名な建物を見るためにロンドンへ行きます。それから，リバプールでサッカーの試合を見ます」**

質問の訳　**「男性はなぜロンドンへ行きますか」**

選択肢の訳　**1　彼の友だちをたずねるため。　2　有名な人に会うため。**
3　サッカーの試合を見るため。　4　いくつかの建物を見るため。

解説　2文目の First, I'll go to London to see some famous buildings. に正解が含まれています。ここでの to ～ は「～するために」という目的を表す用法です。**3** の watch a soccer game はリバプールですることです。

No. 30 解答 ❸

放送文　My brother and I often go running after school. He runs 2 kilometers, and I usually run 3 kilometers. Tomorrow, I want to run 4 kilometers.

Question: How many kilometers does the girl usually run?

放送文の訳　**「私の兄[弟]と私は，学校が終わってからよく走りに行きます。兄[弟]は 2 キロ走り，私はたいてい 3 キロ走ります。明日，私は 4 キロ走りたいと思っています」**

質問の訳　**「女の子は普段何キロ走りますか」**

選択肢の訳　**1　1 キロ。　2　2 キロ。　3　3 キロ。　4　4 キロ。**

解説　I usually run 3 kilometers から，女の子が普段走る距離は 3 キロだとわかります。**2** の Two. は兄[弟]が走る距離，**4** の Four. は女の子が明日走りたいと思っている距離です。

2021-3

解答一覧

筆記

1	(1)	4	(6)	1	(11)	4
	(2)	1	(7)	4	(12)	1
	(3)	4	(8)	1	(13)	2
	(4)	3	(9)	2	(14)	4
	(5)	2	(10)	3	(15)	2
2	(16)	2	(18)	3	(20)	4
	(17)	1	(19)	1		
3	(21)	3	(23)	2	(25)	4
	(22)	1	(24)	3		
4 A	(26)	1	4 B		(28)	1
	(27)	3			(29)	1
					(30)	3
4 C	(31)	3	(33)	1	(35)	1
	(32)	3	(34)	3		

リスニング

第1部	No. 1	2	No. 5	3	No. 9	2
	No. 2	2	No. 6	1	No.10	1
	No. 3	3	No. 7	1		
	No. 4	2	No. 8	3		
第2部	No.11	2	No.15	1	No.19	3
	No.12	4	No.16	3	No.20	1
	No.13	3	No.17	1		
	No.14	4	No.18	2		
第3部	No.21	2	No.25	1	No.29	1
	No.22	4	No.26	4	No.30	4
	No.23	3	No.27	2		
	No.24	3	No.28	1		

筆記 1 問題編 P108～109

(1) 解答 4

訳 A「私は泳げないので，レッスンを受けたいの」
B「市のプールに電話するといいよ。ぼくはそこで泳ぎを習ったんだ」

1 例　2 花　3 分　4 レッスン

解説 I can't swim, so ～「私は泳げません，なので～」に続く内容なので，A がしたいのは lessons「レッスン」を受けることです。take lessons「レッスン[授業]を受ける」の形で覚えておきましょう。B の〈learned to＋動詞の原形〉は「(習って) ～できるようになった」という意味です。

(2) 解答 1

訳 「午前中に雨がやんだので，私たちは公園へ行きました」

1 やんだ　2 勉強した　3 買った　4 聞いた

解説 ～, so …「～，だから…」という形に注目します。The rain (　) in the morning が，we went to the park の理由になっています。午前中に rain「雨」が stopped「やんだ」ので，park「公園」へ行ったということです。stopped は stop の過去形です。

(3) 解答 4

訳 「インターネットはすばやく情報を得るのにとても役立ちます」

1 科目　2 教室　3 テープ　4 情報

解説 〈be useful for＋動詞の～ing 形〉は「～するのに役立つ」という意味です。The Internet「インターネット」が何を得るのに役立つかを考えて，information「情報」を選びます。

(4) 解答 3

訳 「カレンにはわくわくするニュースがあります。彼女はフランスへ引っ越す予定です」

1 それぞれの　2 すべての

3　わくわくする　　　　　　4　簡単な

解説　カレンの news「ニュース」の具体的な内容が，2文目の She's going to move to France. です。フランスへ引っ越すという内容から考えて，exciting news「わくわくするニュース」とします。

(5)　解答 2

訳　A「もう1つハンバーガーがほしい，ラリー？」
B「いや，大丈夫。おなかがいっぱいなんだ」

1　すべての　　　　　　2　もう1つの
3　同じ　　　　　　　　4　少ししかない

解説　Do you want ～? は「～がほしいですか」という意味です。B の No, thanks. I'm full. という応答から，A は B に another hamburger「ハンバーガーをもう1つ」食べるかどうかたずねていることが推測できます。No, thanks. は「けっこうです，ありがとう」と断る表現です。I'm full. は「満腹です」という意味です。

(6)　解答 1

訳　「市は私の近所に新しい学校を建設する予定です」

1　建設する　　　　　　2　～になる
3　ブラシをかける　　　4　持ってくる

解説　空所に入る動詞の目的語は a new school「新しい学校」なので，**1** の build「～を建設する[建てる]」が正解です。in *one's* neighborhood は「～の近所に」という意味です。

(7)　解答 4

訳　「ロバーツさんはいつも忙しいですが，毎朝Eメールを確認します」

1　閉める　　2　変える　　3　呼ぶ　　4　確認する

解説　空所の後の his e-mail「彼のEメール」とのつながりから，check「～を確認する」の3人称単数現在の形 checks が入ります。busy は「忙しい」，every morning は「毎朝」という意味です。

(8) 解答 1

訳　A「君はおじいさんのところへよく行くの？」
B「ううん，でもぼくたちは毎週末お互いに話をするよ」

1 （each other で）お互い　2 いくつかの
3 次の　4 多くの

解説　空所の前の each とのつながりを考えて，each other「お互い」とします。speak to each other は「お互いに話す」という意味で，ここでは祖父と自分がお互いに話すということです。

(9) 解答 2

訳　「私はお母さんと何についてでも話せるので，お母さんは私のいちばんの友だちです」

1 ～の後に
2 （talk about ～ で）～について話す
3 ～の下に
4 ～の近くに

解説　空所の前後にある talk「話す」と everything「すべてのこと」とのつながりを考えて，talk about ～「～について話す」とします。mom は「お母さん」，best friend は「いちばんの友だち，親友」という意味です。

(10) 解答 3

訳　「キョウコはいつも朝早く起きます。彼女は仕事へ行く前に自分の昼食を作ります」

1 つかまえる　2 忘れる
3 （wakes up で）起きる　4 保つ

解説　空所の後に up があることと，early in the morning「朝早く」という内容から，wakes up「起きる，目が覚める」という表現にします。wakes は主語が3人称単数のときの現在形です。

(11) 解答 4

訳　「私の両親は2人とも仕事をしているので，日中は家にいません」

1 下に

2 ～の前に

3 ～に反対して

4 (during the day で) 日中[昼間]に

解説 they aren't at home「彼ら（＝私の両親）は家にいない」という内容と，空所の後の the day とのつながりから，during the day「日中に」とします。both は「両方[2人]とも」という意味です。

(12) 解答 1

訳 「毎年，ますます多くの人たちが観光と買い物を楽しむために日本へ旅行に行きます」

1 (more and more ～ で) ますます多くの～

2 または

3 しかし

4 ～より

解説 空所の前後に more があることに注目して，more and more ～「ますます多くの～」という表現にします。travel to ～ は「～へ旅行に行く」，sightseeing は「観光」という意味です。

(13) 解答 2

訳 「生徒たちは昨日，学校のプールで 50 メートルを泳ぎました」

解説 文末にある yesterday「昨日」から，過去のできごとに関する文であることを理解して，swim「(距離) を泳ぐ」の過去形 swam を選びます。meter(s) は「メートル」という意味です。

(14) 解答 4

訳 「マイクはマンガ本が好きです。彼は毎日それらを読みます」

1 それを　2 私を　3 彼を　4 それらを

解説 空所には直前の動詞 reads「～を読む」の目的語が入ります。マイクが読むのは 1 文目に出ている comic books「マンガ本」なので，複数名詞を受ける 3 人称の代名詞 they の目的格 them が正解です。

(15) 解答 2

訳 A「鉛筆を忘れちゃったの。あなたのを使ってもいいかしら，マーク？」

B「うん。はい，どうぞ」

解説 forgot は forget「～を忘れる」の過去形です。A が鉛筆を忘れたという状況と，B が Here you are.「はい，どうぞ」と言っていることから，A は許可を求める Could I ～?「～してもいいですか」の形で，B の鉛筆を使っていいかどうかたずねていることがわかります。yours は your pencil ということです。

筆記 2 問題編 P110～111

(16) 解答 2

訳 男の子 1「それはきれいなギターだね。だれのものなの？」
男の子 2「ぼくの父のだよ。父は去年それを買ったんだ」

1 それはいつだったの？　2 それはだれのものなの？
3 彼の調子はどう？　4 彼はどこへ行ったの？

解説 男の子 2 が It’s my father’s. と言っていることに注目します。ここでの my father’s は「私の父の（ギター）」ということで，男の子 1 の質問として適切なのは，ギターがだれのものかをたずねる Whose is it? です。whose は「だれのもの」という意味です。

(17) 解答 1

訳 男の子「自分のサッカーボールを持ってきた？」
女の子「今日は持ってこなかったけど，明日持ってくるわ」

1 今日はそうではない，　2 私は体育が好きよ，
3 ちょっと待って，　4 あなたはうまくプレーしたわ，

解説 女の子は空所の後で，but I’ll bring it tomorrow「でも明日それ（＝サッカーボール）を持ってくる」と言っています。この発話につながるのは Not today で，「今日はそうではない」，つまり「今日はサッカーボールを持ってこなかった」ということです。

(18) 解答 3

訳 娘「お父さん，社会科の教科書が見つからないの」
父親「それは台所のテーブルの上にあるよ」

娘「ありがとう」

1　それは難しい教科だよ。

2　それはとてもおもしろかったよ。

3　それは台所のテーブルの上にあるよ。

4　それは君のお兄ちゃん[弟]にだよ。

解説　I can't find ～ は「～が見つからない」という意味で，娘は my social studies textbook「私の社会科の教科書」を探しています。それが on the kitchen table「台所のテーブルの上に」あると教えている **3** が正解です。

(19) 解答 1

訳　女の子1「今夜のあなたのパーティーはとても楽しかったわ，ルーシー！」

女の子2「来てくれてありがとう。またね！」

1　来てくれてありがとう。　2　それはとてもおいしかったわ。

3　私はすぐにそこへ行くわ。　4　私はこれを試してみるわ。

解説　女の子1は I had a great time at ～「私は～でとても楽しい時間を過ごした」と，パーティーが楽しかったことを伝えています。女の子2の応答として適切なのは，〈Thanks for＋動詞の～ing 形〉「～してくれてありがとう」の形で，パーティーに来てくれたことを感謝している **1** です。

(20) 解答 4

訳　女の子1「窓を開けるわ」

女の子2「とてもいい考えね。この中は本当に暑いわ」

1　それをいただくわ。　2　それは私たちの教室よ。

3　私も1つ持っているわ。　4　それはとてもいい考えね。

解説　女の子2の It's really hot in here.「この中は本当に暑い」から，女の子2は女の子1の I'm going to open the window. に対して賛成していると推測できます。したがって，窓を開けることが a great idea「とてもいい考え」だと言っている **4** が正解です。

筆記 3 問題編 P112〜113

(21) 解答 3

正しい語順 (Who is the fastest runner on) the team?

解説 runner「走者」があることに注目して，「チームでいちばん速い走者はだれですか」と考えます。疑問詞 Who「だれが」で始め，動詞 is を続けます。この後に，「いちばん速い走者」を意味する the fastest runner をもってきます。fastest は形容詞 fast「速い」の最上級です。最後に，on を文末の the team とつなげます。

(22) 解答 1

正しい語順 I (used three tomatoes to make) this salad.

解説 「私はトマトを3つ使いました」+「このサラダを作るために」の順番で考えます。主語 I の後に，動詞 use「〜を使う」の過去形 used と，その目的語になる three tomatoes を続けます。「〜を作るために」は〈to+動詞の原形〉の形で表し，ここでは to make とします。

(23) 解答 2

正しい語順 (My bedroom has some posters on) the wall.

解説 「私の寝室」を主語にして，My bedroom から始めます。「〜があります」は「〜を持っています」と考えて動詞 has を使い，その目的語になる some posters を続けます。「壁に」は「壁の上に」と考えて，on を文末の the wall「壁」とつなげます。

(24) 解答 3

正しい語順 (Would you like some more cake)?

解説 「〜をいかがですか」という日本文に注目して，相手に食べ物や飲み物などをすすめる表現の Would you like 〜? の形の文にします。like の後にくる「ケーキをもう少し」の部分は「もう少しのケーキ」と考えて，some more cake とします。

(25) 解答 4

正しい語順 My father (is not good at playing) baseball.

解説 主語 My father の後には，動詞の is がきます。「～が得意である」は be good at ～ で，これを否定文にするために be 動詞の直後に not を置いて is not good at とします。「野球が」は「野球をすることが」と考えて，at の後に playing baseball を続けます。

筆記 4A

問題編 P114～115

全訳

冬祭り

時：2月1日から8日，午前11時から午後8時
場所：リバー公園
おいしい食べ物と音楽をお楽しみください！ 毎日午後3時に，ホットチョコレートを無料でもらえます。2月5日の午後4時には，特別なダンスショーがあります。

リバー公園へ行くには，ベーカー駅から10分歩いてください。
リバーサイド図書館のそばにあります。

(26) 解答 1

質問の訳 「祭りはどこで行われますか」

選択肢の訳
1 リバー公園で。 2 リバーサイド図書館で。
3 ベーカー駅のとなりで。 4 コンサートホールのそばで。

解説 Where は「どこで」という意味の疑問詞です。festival「祭り」が行われる場所については，掲示の Where: の後に River Park と書かれています。**2** の the Riverside Library は，祭りが行われるリバー公園のそばにある図書館です。

(27) 解答 3

質問の訳 「特別なダンスショーが始まるのは」

選択肢の訳
1 2月1日の午前11時。 2 2月1日の午後3時。

3　2月5日の午後4時。　　　**4**　2月8日の午後6時。

解説　a special dance show「特別なダンスショー」について，掲示の4～6行目に There will be a special dance show on February 5 at 4 p.m. と書かれています。There will be ～ は There is ～「～がある」の未来形，p.m. は「午後」という意味です。

筆記 4B　問題編 P116～117

全訳　差出人：リタ・アルバレス
受取人：ダナ・カーペンター
日付：7月21日
件名：メキシコ料理
こんにちは，ダナ，
今週の土曜日は予定がある？　私のおばあちゃんが今週末にここコロラドの私たちをたずねてきて，私にメキシコ料理の作り方を教えてくれるの。おばあちゃんはメキシコ生まれなんだけど，カリフォルニアで育ったの。あなたはメキシコ料理が大好きよね？　私たちはカルネ・アサーダを作るつもりなの。メキシコのステーキよ。来られる？
あなたの友，
リタ

差出人：ダナ・カーペンター
受取人：リタ・アルバレス
日付：7月21日
件名：ありがとう
こんにちは，リタ，
ええ，その日は空いているわ！　普段は土曜日に部屋の掃除をするけど，それは日曜日にやるわ。私はタコスが大好きなの。去年，テキサスのレストランでとてもおいしいチーズナチョスを食べたわ。でも，カルネ・アサーダを作りたいわ。それじゃ，明日！
じゃあね，

ダナ

(28) 解答 1

質問の訳　「リタの祖母はどこで育ちましたか」

選択肢の訳　1　カリフォルニアで。　2　メキシコで。
3　テキサスで。　4　コロラドで。

解　説　grow up は「育つ，大人になる」という意味で，過去形は grew up です。リタが書いた最初の E メールの 3 文目に，She was born in Mexico, but she grew up in California. とあります。She は 2 文目の主語 My grandma「私のおばあちゃん」を指していて，リタの祖母が生まれたのはメキシコ，育ったのはカリフォルニアです。

(29) 解答 1

質問の訳　「日曜日に，ダナは」

選択肢の訳　1　部屋を掃除する。
2　リタの祖母に会う。
3　レストランで食事する。
4　カルネ・アサーダを食べてみる。

解　説　ダナは 2 番目の E メールの 2 文目に，I usually clean my room on Saturday, but I'll do that on Sunday. と書いています。do that「それをする」は clean my room を指していて，普段は土曜日にする部屋の掃除を，今週末は日曜日にするということです。

(30) 解答 3

質問の訳　「リタとダナはどんな種類の食べ物を作りますか」

選択肢の訳　1　アメリカのステーキ。　2　チーズナチョス。
3　メキシコのステーキ。　4　タコス。

解　説　1 番目の E メールの 5～6 文目に We're going to cook *carne asada*. It's Mexican steak. とあり，リタは祖母といっしょにメキシコのステーキであるカルネ・アサーダを作ることがわかります。それに誘われたダナも，2 番目の E メールの 5 文目で But I want to make *carne asada*. と書いています。

筆記 4C 問題編 P118〜119

全訳

冬の楽しみ

マイケルはアメリカ合衆国のペンシルベニアに住んでいます。彼は春が好きですが，夏が彼の大好きな季節です。秋には，マイケルは悲しい気持ちになり始めます。天候は寒くなり，日は短いです。冬には，彼はたいてい家にいて，テレビゲームをします。

昨年の 12 月，マイケルはバーモントにいるいとこのジャックをたずねました。ある日，ジャックはマイケルをスキー場へ連れていきました。マイケルは初めてスノーボードをやってみました。最初は，彼は何度も転びました。4 時間ほど経つと，マイケルは上達しました。彼はそれがとても楽しかったので，ジャックとマイケルは翌日もまたスノーボードをしに行きました。

マイケルは帰宅したとき，両親にそのことについて話しました。彼の父親は，「この近くにスキー場があるよ。車で 1 時間だよ」と言いました。マイケルの母親は彼にスノーボードを買ってあげました。彼女はまた，その冬に彼をスキー場へ 3 回連れていきました。春が来たときマイケルはうれしい気持ちでしたが，新しい趣味が気に入っているので，今では冬も楽しみにしています。

(31) 解答 3

質問の訳　「マイケルはいつ，悲しい気持ちになり始めますか」

選択肢の訳　1 春に。　2 夏に。　3 秋に。　4 冬に。

解説　〈begin to＋動詞の原形〉は「〜し始める」，feel sad は「悲しい気持ちになる」という意味です。マイケルがいつ悲しい気持ちになり始めるかは，第 1 段落の 3 文目に In fall, Michael starts to feel sad. と書かれています。

(32) 解答 3

質問の訳　「マイケルは昨年の 12 月に何をしましたか」

選択肢の訳　1 彼は新しいテレビゲームを手に入れた。

2　彼は毎日家にいた。

3　彼はいとこをたずねた。

4　彼はバーモントへ引っ越した。

解説　last December「昨年の 12 月」にマイケルが何をしたかは，第 2 段落の 1 文目に Last December, Michael visited his cousin Jack in Vermont. と書かれています。これを短く表現している **3** が正解です。cousin は「いとこ」という意味です。

(33) 解答 1

質問の訳　「マイケルとジャックは何回いっしょにスノーボードをしに行きましたか」

選択肢の訳　1　2回。　2　3回。　3　4回。　4　5回。

解説　How many times「何回」は回数をたずねる表現です。第 2 段落の 2〜3 文目 One day, Jack took Michael to a ski resort. Michael tried snowboarding for the first time. と，6 文目後半の …, so Jack and Michael went snowboarding again the next day. から，2 人は合計 2 回いっしょにスノーボードをしに行ったことがわかります。

(34) 解答 3

質問の訳　「マイケルの父親はマイケルに何と言いましたか」

選択肢の訳

1　彼は車でマイケルをスキー場に送っていく。

2　彼はマイケルにスノーボードを買ってあげる。

3　彼らの家の近くにスキー場がある。

4　彼らの家の近くに新しいスキー用品店がある。

解説　マイケルの父親がマイケルに言ったことは，第 3 段落の 2 文目に His father said, "There's a ski resort near here. It's …" と書かれています。There's は There is「〜がある」の短縮形です。near here「この近くに」が，正解の **3** では near their house に置きかえられています。

(35) 解答 1

質問の訳　「マイケルはなぜ，今では冬を楽しみにしていますか」

選択肢の訳　1　彼には新しい趣味がある。
2　彼には長い冬休みがある。
3　ジャックが毎年彼をたずねてくる。
4　彼の母親の誕生日が冬にある。

解説　look forward to ～ は「～を楽しみにする[待つ]」という意味です。第3段落の最後に，…, but now he also looks forward to winter に続けて，その理由が because he likes his new hobby と説明されています。his new hobby「彼の新しい趣味」はスノーボードをすることです。

リスニング 第1部 問題編 P120～122

[例題] 解答 3

放送文 ★：Hi, my name is Yuta.
☆：Hi, I'm Kate.
★：Do you live near here?
1　I'll be there.　　2　That's it.
3　Yes, I do.

放送文の訳 ★：「やあ，ぼくの名前はユウタだよ」
☆：「こんにちは，私はケイトよ」
★：「君はこの近くに住んでいるの？」
1　私はそこへ行くわ。　　2　それだけよ。
3　ええ，そうよ。

No.1 解答 2

放送文 ★：I can't find my blue pen.
☆：Is this it?
★：Yes. Where was it?
1　Go straight.　　2　In the meeting room.
3　It's four dollars.

放送文の訳 ★：「ぼくの青いペンが見つからないんだ」

☆：「これのこと？」

★：「そう。それはどこにあったの？」

1　まっすぐ行って。　　2　会議室によ。

3　4 ドルよ。

解説　Where was it? の Where は「どこに」という意味で，it は男性が探している my blue pen を指しています。男性は場所をたずねているので，In the meeting room.「会議室に」と答えている **2** が正解です。

No. 2　解答 2

放送文　★：Can I have a snack, Mom?

☆：Have an apple.

★：But I want some cake.

1　Vanilla, please.　　2　Not now.

3　He's seven years old.

放送文の訳　★：「おやつを食べていいかな，お母さん？」

☆：「リンゴを食べなさい」

★：「でも，ぼくはケーキがほしいんだ」

1　バニラをお願いします。　　2　今はだめよ。

3　彼は 7 歳よ。

解説　母親から Have an apple. と言われた男の子は，But I want some cake.「でも，ぼくはケーキがほしい」と答えています。これに応答する発話になっているのは **2** の Not now. で，「今ではない」→「今はケーキを食べてはだめ」ということです。

No. 3　解答 3

放送文　★：What do you want for your birthday?

☆：I really want a turtle.

★：What kind?

1　In the box.　　2　About six.

3　A small one.

放送文の訳　★：「誕生日には何がほしい？」

☆：「カメがとてもほしいの」

★：「どんな種類？」

1　箱の中によ。　　　　　　　2　6時頃よ。

3　小さいカメよ。

解説　男性の What kind? は，女の子の I really want a turtle. を受けた質問で，What kind of turtle do you want?「どんな種類のカメがほしいの？」ということです。この質問に応答しているのは **3** の A small one. です。この one は前に出てきたものを指す代名詞で，ここでは turtle を指しています。

No.4　解答 2

放送文　☆：I went hiking last weekend.

★：That's nice.

☆：What did you do?

1　I found it.　　　　　　　2　I visited my grandparents.

3　I came by bike.

放送文の訳　☆：「先週末にハイキングに行ったの」

★：「それはいいね」

☆：「あなたは何をしたの？」

1　それを見つけたよ。　　　　2　ぼくの祖父母をたずねたよ。

3　自転車で来たよ。

解説　last weekend「先週末に」何をしたかが話題になっています。女の子の What did you do? は，男の子が先週末にしたことをたずねる質問で，visited my grandparents「ぼくの祖父母をたずねた」と，したことを説明している **2** が正解です。

No.5　解答 3

放送文　☆：Dad, there's a baseball game at the stadium tomorrow.

★：Do you want to go together?

☆：Yes, please.

1　I'll practice with you.

2　I'll give you some pictures.

3　I'll buy some tickets today.

放送文の訳　☆：「お父さん，明日スタジアムで野球の試合があるの」

★：「いっしょに行きたいかい？」
☆：「ええ，お願い」
1 君といっしょに練習するよ。
2 君に何枚かの写真をあげるよ。
3 今日，チケットを買うよ。

解説 父親の Do you want to go together? は，a baseball game「野球の試合」に自分といっしょに行きたいかをたずねる質問で，娘は Yes, please. と答えています。これにつながる発話は，buy some tickets「何枚かチケットを買う」と言っている **3** です。

No. 6 解答 1

放送文 ★：Excuse me.
☆：How can I help you?
★：Do you have apple juice?
1 Sorry, we only have orange juice.
2 No, I just ate one.
3 Thanks a lot for coming.

放送文の訳 ★：「すみません」
☆：「いらっしゃいませ」
★：「リンゴジュースはありますか」
1 すみません，オレンジジュースしかありません。
2 いいえ，私は 1 つ食べたところです。
3 来てくださり，どうもありがとうございます。

解説 男性客と女性店員との会話です。男性客の Do you have apple juice?「リンゴジュースはありますか」という質問の答えになっているのは **1** で，we only have ～「(うちの店には) ～しかない」という形を使って，オレンジジュースしかない（＝リンゴジュースはない）ことを伝えています。

No. 7 解答 1

放送文 ★：The movie starts at three.
☆：What time is it now?
★：It’s 2:45.

1 Let's hurry!

2 A comedy movie.

3 An hour ago.

放送文の訳 ★：「映画は 3 時に始まるよ」

☆：「今，何時？」

★：「2 時 45 分だよ」

1 急ぎましょう！

2 コメディー映画よ。

3 1 時間前によ。

解説 The movie starts at three. から映画が始まるのは 3 時，It's 2:45. から現在 2 時 45 分であることがわかります。映画が始まるまで 15 分という状況なので，**1** の Let's hurry!「急ぎましょう！」が正解です。〈Let's＋動詞の原形〉は「～しましょう」という意味です。

No. 8 解答 3

放送文 ☆：I'll go to France this summer.

★：That sounds fun.

☆：Will you go somewhere?

1 I have a map of France.

2 It was a good vacation.

3 I want to travel to Brazil.

放送文の訳 ☆：「私はこの夏にフランスへ行くの」

★：「それは楽しそうだね」

☆：「あなたはどこかへ行くの？」

1 フランスの地図を持っているよ。

2 いい休暇だったよ。

3 ブラジルへ旅行に行きたいんだ。

解説 女性の Will you go somewhere? の somewhere は「どこかへ」という意味で，男性がこの夏にどこかへ行くかをたずねています。Brazil「ブラジル」と行き先を言っている **3** が正解で，want to travel to ～ は「～へ旅行に行きたい」という意味です。**2** は過去のことを述べているので不正解です。

No.9 解答 ❷

放送文 ★：You look sad, Jane.

☆：I am.

★：What's wrong?

1 I like history class.

2 I lost my science textbook.

3 I have another pen.

放送文の訳 ★：「悲しそうだね，ジェーン」

☆：「悲しいわ」

★：「どうしたの？」

1 歴史の授業が好きよ。

2 理科の教科書をなくしちゃったの。

3 もう1本ペンを持っているわ。

解説 女の子の I am. は I am sad.「(実際に) 悲しい」ということです。What's wrong? は困った様子の相手に「どうしたの？」とたずねる表現です。lose「～をなくす」の過去形 lost を使って，my science textbook「私の理科の教科書」をなくしたと説明している **2** が正解です。

No.10 解答 ❶

放送文 ☆：What are your favorite subjects?

★：I love English and art.

☆：Do you like math?

1 No, it's too difficult.

2 Yes, next week.

3 OK, you can use mine.

放送文の訳 ☆：「あなたの好きな教科は何？」

★：「英語と美術が大好きだよ」

☆：「数学は好き？」

1 ううん，それは難しすぎるよ。

2 うん，来週だよ。

3 わかった，ぼくのを使っていいよ。

解説 女の子の Do you like math? は，男の子に math「数学」が好きかどうかをたずねる質問です。正解の **1** では，No の後に，数学が好きではない理由を it's too difficult「それ（＝数学）は難しすぎる」と言っています。

リスニング　第**2**部　問題編 P122～123

No. 11 解答 2

放送文 ★：Is your new classmate from Canada?
☆：No, she's from Australia.
★：Didn't you go there last year?
☆：No, I went to New Zealand.
Question: Where is the new student from?

放送文の訳 ★：「君の新しいクラスメートはカナダ出身なの？」
☆：「ううん，彼女はオーストラリア出身よ」
★：「君は去年そこへ行かなかった？」
☆：「ううん，ニュージーランドへ行ったわ」

質問の訳 「新しい生徒はどこの出身ですか」

選択肢の訳
1 ニュージーランド。　**2** オーストラリア。
3 イングランド。　**4** カナダ。

解説 Where is ～ from? は「～はどこの出身ですか」という意味です。男の子の Is your new classmate from Canada? に対して，女の子は No と答えているので，**4** を選ばないように注意します。この後の she's from Australia から，**2** が正解です。

No. 12 解答 4

放送文 ★：Do you want a cup of tea, Grandma?
☆：No, thanks.
★：How about a coffee?
☆：I'll just have some water, thanks.
Question: What does the boy's grandmother want to drink?

放送文の訳 ★：「紅茶を1杯ほしい，おばあちゃん？」

☆：「ううん，大丈夫よ」

★：「コーヒーはどう？」

☆：「水を飲むだけにするわ，ありがとう」

質問の訳 「男の子の祖母は何を飲みたいですか」

選択肢の訳 1 牛乳。 2 紅茶。 3 コーヒー。 4 水。

解説 男の子の Do you want a cup of tea, Grandma? に対して祖母は No と答えているので，**2** は不正解です。その後の How about a coffee? には Yes / No で答えていませんが，I'll just have some water, thanks. から，コーヒーではなく水を飲むことがわかります。

No. 13 解答 ❸

放送文 ☆：How was your weekend, Scott?

★：Saturday was good, but I had a headache last night.

☆：Do you feel better this morning?

★：Yes, thanks.

Question: When did Scott have a headache?

放送文の訳 ☆：「週末はどうだった，スコット？」

★：「土曜日はよかったけど，昨夜は頭痛がしたんだ」

☆：「今朝はよくなったの？」

★：「うん，ありがとう」

質問の訳 「スコットはいつ頭痛がしましたか」

選択肢の訳 1 土曜日の午後に。 2 昨日の朝に。
3 昨夜に。 4 今朝に。

解説 had は have の過去形で，have a headache は「頭痛がする」という意味です。週末はどうだったかをたずねられたスコットは，Saturday was good「土曜日はよかった」に続けて，but I had a headache last night「でも昨夜は頭痛がした」と言っています。

No. 14 解答 ❹

放送文 ☆：The test will begin at one thirty.

★：How long will it take, Mrs. Peterson?

☆：About 50 minutes.

★：Thank you.

Question: How long will the test take?

放送文の訳 ☆：「テストは1時30分に始まります」

★：「どれくらいの時間がかかりますか，ピーターソン先生？」

☆：「約50分です」

★：「ありがとうございます」

質問の訳 「テストはどれくらいの時間がかかりますか」

選択肢の訳 1 約5分。 2 約15分。 3 約30分。 4 約50分。

解　説 How long ～?「どれくらいの時間～？」は時間の長さをたずねる表現です。男の子の How long will it take, Mrs. Peterson?「それ（＝テスト）はどれくらいの時間がかかりますか」に対して，ピーターソン先生は About 50 minutes. と答えています。50 は fifty と読みます。15（fifteen）としっかり区別しましょう。

No.15 解答 ❶

放送文 ★：Did you enjoy your homestay with us?

☆：Of course. Thank you so much.

★：Send us an e-mail when you get back home.

☆：I will.

Question: What did the girl enjoy?

放送文の訳 ★：「私たちとのホームステイは楽しかったかい？」

☆：「もちろんです。どうもありがとうございます」

★：「家に着いたら私たちにEメールを送ってね」

☆：「そうします」

質問の訳 「女の子は何を楽しみましたか」

選択肢の訳 1 ホームステイ。 2 コンピュータークラブ。

3 Eメールを読むこと。 4 姉[妹]と話すこと。

解　説 Did you enjoy your homestay with us? という質問に，女の子は Of course.「もちろん」と答えています。このやり取りから，女の子は homestay「ホームステイ」を楽しんだことがわかります。〈send＋(人)＋(物)〉は「(人) に (物) を送る」という意味です。

No.16 解答 3

放送文 ★：Will you make dinner tonight?

☆：Yes, I'll make a pizza.

★：Great. I'll go shopping and wash the dishes after dinner.

☆：Thanks.

Question: What is the woman going to do tonight?

放送文の訳 ★：「今夜，夕食を作ってくれる？」

☆：「ええ，ピザを作るわ」

★：「いいね。ぼくは買い物に行って，夕食後に皿を洗うよ」

☆：「ありがとう」

質問の訳 「女性は今夜，何をしますか」

選択肢の訳
1 買い物に行く。
2 ピザのレストランへ行く。
3 夕食を作る。
4 皿を洗う。

解説 Will you ～? は「～してくれませんか」と相手に依頼する表現です。男性の Will you make dinner tonight? に対して女性は Yes, I'll make a pizza. と答えているので，**3** が正解です。**1** の Go shopping. と **4** の Wash the dishes. は男性がすることです。

No.17 解答 1

放送文 ★：Where were you yesterday?

☆：I went to the doctor. What did you do in English class?

★：We sang some songs.

☆：That sounds fun.

Question: What did the girl do yesterday?

放送文の訳 ★：「昨日はどこにいたの？」

☆：「医者へ行ったわ。英語の授業では何をしたの？」

★：「何曲か歌を歌ったよ」

☆：「それはおもしろそうね」

質問の訳 「女の子は昨日，何をしましたか」

選択肢の訳
1 彼女は医者へ行った。
2 彼女は学校へ行った。
3 彼女は歌のレッスンを受けた。
4 彼女はラジオを聞いた。

解説　男の子の Where were you yesterday? は相手が昨日どこにいたかをたずねる質問ですが，これに対して女の子は I went to the doctor. と答えています。went は go の過去形で，go to the doctor は「医者へ行く，医者に診てもらう」という意味です。

No. 18 解答 2

放送文
☆：Do you have your smartphone?
★：Yes, Mom, but I can't find my wallet.
☆：Is it in your bag?
★：No, I just looked there.
Question: What is the boy looking for?

放送文の訳
☆：「スマートフォンは持っている？」
★：「うん，お母さん，でも財布が見つからないんだ」
☆：「かばんの中にはある？」
★：「ううん，そこは見たばかりだよ」

質問の訳　「男の子は何を探していますか」

選択肢の訳
1　彼のかばん。　2　彼の財布。
3　彼の電話。　4　彼の筆箱。

解説　質問では look for ～「～を探す」が現在進行形で使われています。男の子の …, but I can't find my wallet「…，でも財布が見つからない」から，**2** が正解です。対話に出てくる your smartphone や your bag から **3** や **1** を選ばないように注意しましょう。

No. 19 解答 3

放送文
☆：Welcome to Nice Spice Curry. What would you like?
★：Chicken curry, rice, and a tomato salad, please.
☆：That's $30. It'll be ready in 20 minutes.
★：Thanks.
Question: When will the man's food be ready?

放送文の訳
☆：「ナイス・スパイス・カレーへようこそ。何にいたしますか」
★：「チキンカレー，ライス，それとトマトサラダをお願いします」
☆：「30 ドルになります。20 分でご用意できます」
★：「ありがとうございます」

質問の訳　「男性の食べ物はいつ用意できますか」

選択肢の訳　1　2分後に。　2　10分後に。3　20分後に。4　30分後に。

解説　be ready は「用意ができる」という意味です。店で男性が注文をした後，店員は That's $30. に続けて，It'll be ready in 20 minutes. と言っています。It は男性が注文した食べ物，in ~ minutes は「~分後に」という意味です。

No. 20 解答 1

放送文
☆：Dad, I'll be home late today.
★：Do you have a club meeting?
☆：No. I'll study in the library after school.
★：OK.
Question: Why will the girl be home late today?

放送文の訳
☆：「お父さん，今日は帰りが遅くなるわ」
★：「クラブのミーティングがあるの？」
☆：「ううん。放課後に図書館で勉強するの」
★：「わかった」

質問の訳　「女の子は今日，なぜ帰宅が遅くなりますか」

選択肢の訳
1　彼女は図書館で勉強する。
2　彼女はクラブのミーティングがある。
3　彼女は友だちをたずねる。
4　彼女は学校を掃除する。

解説　父親の Do you have a club meeting? に対して女の子は No. と答えているので，**2** は不正解です。その後の I'll study in the library after school. が，女の子の帰宅が遅くなる理由です。I'll は I will の短縮形で，after school は「放課後に」という意味です。

No.21 解答 ②

放送文 I always buy a sandwich for lunch. I usually get a roast beef or cheese sandwich, but today I got a chicken one. It was good.

Question: What kind of sandwich did the man buy today?

放送文の訳 「私はいつも昼食にサンドイッチを買います。普段はローストビーフかチーズのサンドイッチを買いますが，今日はチキンのサンドイッチを買いました。それはおいしかったです」

質問の訳 「男性は今日，どんな種類のサンドイッチを買いましたか」

選択肢の訳
1 チーズ。 2 チキン。
3 ローストビーフ。 4 魚。

解説 2文目のI usually get ～, but today I got …「普段は～を買うが，今日は…を買った」という流れに注意します。but以降のtoday I got a chicken oneから，**2**が正解です。oneは前に出てきた名詞を指す代名詞で，ここではsandwichのかわりに使われています。**1**のCheese.や**3**のRoast beef.は，男性が普段買うサンドイッチです。

No.22 解答 ④

放送文 Rosewood Funland will close at 10:30 tonight. Restaurants are open until 10:00, and you can ride the Super Roller Coaster until 9:30. Have a fun evening.

Question: What time does Rosewood Funland close today?

放送文の訳 「ローズウッド・ファンランドは今夜は10時30分に閉園します。レストランは10時まで営業し，スーパーローラーコースターは9時30分まで乗ることができます。楽しい夜をお過ごしください」

質問の訳 「ローズウッド・ファンランドは今日何時に閉園しますか」

選択肢の訳
1 9時に。 2 9時30分に。

3　10時に。　　4　10時30分に。

解説　最初の Rosewood Funland will close at 10:30 tonight. から，ローズウッド・ファンランドの今夜の閉園時間は10:30（=ten thirty）だとわかります。until 10:00 はレストランの営業時間，until 9:30 はスーパーローラーコースターに乗れる時間です。

No.23 解答 3

放送文　I forgot to bring my friend's comic book to school today. He was a little angry. I'll remember to bring it tomorrow.

Question: What did the girl forget?

放送文の訳　「私は今日，友だちのまんが本を学校へ持っていくのを忘れました。彼は少し怒っていました。明日は忘れずにそれを持っていきます」

質問の訳　「女の子は何を忘れましたか」

選択肢の訳
1　彼女の昼食。　　2　彼女の教科書。
3　彼女の友だちのまんが本。　　4　彼女の友だちのかさ。

解説　1文目の I forgot to bring my friend's comic book to school today. に正解が含まれています。forgot は forget の過去形で，〈forget to＋動詞の原形〉は「～するのを忘れる」という意味です。3文目の〈remember to＋動詞の原形〉は「忘れずに～する」という意味です。

No.24 解答 3

放送文　Asami will go to Europe. She will spend five days in London and then go to Paris. She'll stay there for three days.

Question: How many days will Asami be in London?

放送文の訳　「アサミはヨーロッパへ行きます。彼女はロンドンで5日間過ごし，それからパリへ行きます。彼女はそこに3日間滞在します」

質問の訳　「アサミはロンドンに何日間いますか」

選択肢の訳　1　3日間。　2　4日間。　3　5日間。　4　6日間。

解説　How many days ～? は「何日間～？」という意味で，アサミがロンドンにいる日数をたずねています。She will spend five days in London から，**3**が正解です。この spend は「(時) を

21年度第3回　リスニング

過ごす」という意味です。パリに滞在する three days と混同しないようにしましょう。

No. 25 解答 

放送文　There was a parade in town yesterday. My parents took me, but there were too many people. I couldn't see anything.

Question: What was the boy's problem?

放送文の訳　「昨日，町でパレードがありました。両親はぼくを連れていってくれましたが，人が多すぎました。ぼくは何も見ることができませんでした」

質問の訳　「男の子の問題は何でしたか」

選択肢の訳
1　彼はパレードを見ることができなかった。
2　彼の両親は忙しかった。
3　彼は目が痛かった。
4　彼はバスに乗り遅れた。

解　説　男の子は両親に parade「パレード」に連れていってもらいましたが，I couldn't see anything.「何も見ることができなかった」と言っています。つまり，パレードを見られなかったことが男の子の problem「問題」です。その理由は，前の文にある there were too many people「あまりに多くの人がいた[人が多すぎた]」です。

No. 26 解答 4

放送文　This morning, I went to a museum with my friends. In the afternoon, we ate lunch in the park and played soccer.

Question: Where did the boy go this morning?

放送文の訳　「今朝，ぼくは友だちと博物館へ行きました。午後に，ぼくたちは公園で昼食を食べて，サッカーをしました」

質問の訳　「男の子は今朝どこへ行きましたか」

選択肢の訳
1　レストランへ。　　2　公園へ。
3　サッカー場へ。　　4　博物館へ。

解　説　質問では，男の子が this morning「今朝」行った場所をたずねています。1文目の This morning, I went to a museum with my friends. から，a museum「博物館」に行ったことがわかります。**2** の a park「公園」は，午後に昼食を食べた場所です。

No. 27 解答 2

放送文 Sam loves sports. He plays tennis with his sister every Saturday. He also often plays basketball with his classmates or his brother.

Question: Who does Sam play tennis with?

放送文の訳 **「サムはスポーツが大好きです。彼は毎週土曜日に，姉[妹]といっしょにテニスをします。彼はよく，クラスメートか兄[弟]といっしょにバスケットボールもします」**

質問の訳 **「サムはだれといっしょにテニスをしますか」**

選択肢の訳
1 **彼の兄[弟]。** **2** **彼の姉[妹]。**
3 **彼の先生。** **4** **彼のクラスメート。**

解説 2文目の He plays tennis with his sister every Saturday. から，サムは姉[妹]とテニスをすることがわかります。いっしょにバスケットボールをする his classmates や his brother と混同しないように注意しましょう。

No. 28 解答 1

放送文 Amy gets up at six every Monday and goes jogging. From Tuesday to Saturday, she gets up at seven. On Sundays, she stays in bed until nine.

Question: When does Amy get up at six?

放送文の訳 **「エイミーは毎週月曜日，6時に起きて，ジョギングをしに行きます。火曜日から土曜日までは，彼女は7時に起きます。毎週日曜日は，9時までベッドにいます」**

質問の訳 **「エイミーはいつ6時に起きますか」**

選択肢の訳
1 **毎週月曜日に。** **2** **毎週火曜日に。**
3 **毎週土曜日に。** **4** **毎週日曜日に。**

解説 get up は「起きる」，at ～ はここでは「～時に」という意味です。1文目の Amy gets up at six every Monday に正解が含まれています。every Monday「毎週月曜日に」を，正解の **1** では同じ意味の On Mondays. という表現で言いかえています。

No. 29 解答 1

放送文 Today was really fun! I drew pictures in the park with my friends. When I got home, I played computer games.

Question: What is the boy talking about?

放送文の訳 **「今日は本当に楽しかったです！ ぼくは友だちといっしょに公園で絵を描きました。家に帰ると，コンピューターゲームをしました」**

質問の訳 **「男の子は何について話していますか」**

選択肢の訳
1 彼の楽しい1日。 **2 彼の大好きな画家。**
3 彼の新しいコンピューター。 **4 彼の家。**

解説 放送文は Today was really fun!「今日は本当に楽しかった！」で始まり，2文目以降では男の子が今日やったことが説明されています。したがって，男の子の fun day「楽しい1日」が話題です。drew は draw「(絵など）を描く」の過去形です。

No. 30 解答 4

放送文 I just finished high school. I like children, so I want to become a teacher. Maybe I can teach English.

Question: What does the woman want to do?

放送文の訳 **「私は高校を卒業したばかりです。私は子どもが好きなので，先生になりたいと思っています。たぶん私は英語を教えることができます」**

質問の訳 **「女性は何をしたいと思っていますか」**

選択肢の訳
1 イングランドに住む。 **2 高校を卒業する。**
3 病院で働く。 **4 先生になる。**

解説 2文目では I like children に続けて，so I want to become a teacher「だから（＝子どもが好きだから）私は先生になりたい」と女性がしたいことが説明されています。1文目の I just finished high school. を聞いて **2** を選ばないように注意しましょう。finish はここでは「(学校）を卒業する」という意味です。

2024年度版

文部科学省後援

英検® 4級 過去6回全問題集

別冊解答